María del Carmen Fernández Espinosa

Deja de *romper tus dietas*

SELECTOR
actualidad editorial

SELECTOR
actualidad editorial
Doctor Erazo 120 Colonia Doctores 06720 México, D.F.
Tel. 55 88 72 72 Fax. 57 61 57 16

DEJA DE ROMPER TUS DIETAS
Autora: María del Carmen Fernández Espinosa
Colección: Superación Personal

Diseño de portada: Perla Alejandra López Romo

ISBN-13:978-970-643-767-9
ISBN-10:970-643-767-3

Segunda reimpresión. Marzo de 2006.

Sistema de clasificación Melvil Dewey

394
F51
2004 Fernández Espinosa, María del Carmen; 1962.
Deja de romper tus dietas / María del Carmen Fernández Espinosa. —
México, D.F.: Selector, S. A. de C.V., 2004.
136 p.
ISBN: 970-643-767-3

1. Superación Personal. 2. Valores. 3. Autoestima

Contenido

Agradecimientos

Aunque aparece un nombre en la portada, un libro no se hace solo. Es la comunidad, empujando, inspirando, orientando y dando estructura, la que permite que llegue a buen término.

Gracias a Lui, Tavo, José Manuel, Marisa, Gerardo, Josefo, Callín y Mike, mi familia, por la fe que depositaron en mí y en mi trabajo, y por querer ser parte de esta misión; además, por sus comentarios en ese primer intento, que salió a empujones.

A Ger y a Tavo por su lectura y las correcciones rigurosas y atinadas. A cada integrante de mis grupos por su valiente y amorosa participación, que han sido quienes permiten que mis ideas tomen forma y sentido. A quienes silenciosamente forman parte de este libro y su participación parece no verse, y está.

Gracias por su grano de arena.

A Lui y Tavo

porque su amor y su legado

me han inspirado para

desplegar las alas.

A mi papá,

por el sentido que su dolor

trajo a mi vida.

Introducción

De qué se trata y para quién es

Cuando empecé a escribir este libro me imaginaba que podía terminarlo rápidamente. Contaba con la información suficiente, la experiencia personal y de trabajo, ¿qué más necesitaba, además de algunas semanas de calma para ponerlo en blanco y negro?

Estaba equivocada. Al empezar a extenderme por los capítulos me di cuenta de que tocar mi corazón para tocar los otros me llevaría irremediablemente, como dice Efraín Bartolomé, *a mancharme las manos de sangre*.

Conforme fui avanzando, mi propia historia me fue alcanzando, se volvió presente de nuevo, empecé a soñar con episodios viejos, las conversaciones en mi familia bordaban esos mismos temas, tuve síntomas físicos, algunos severos, y es que había puesto el dedo en la llaga.

Así sucede cuando nos decidimos a dejar de mirar a través de un vidrio para sumergirnos de lleno en nuestra propia verdad.

Este libro trata de mi verdad y de las de otras mujeres que han padecido esta desdichada enfermedad que es la adicción a la comida. Algo que parece tan simple y a la vez resulta tan complicado y doloroso.

Me decía algún día una paciente: *Nada duele más que estar gorda. Y duele más porque no parece. Vamos a todos lados con nuestro cuerpo que odiamos y nadie lo advierte, nos creen gorditas felices, no saben lo que cargamos dentro. No saben que esos kilos pesan de amargura, dolor y llanto guar-dados en silencio.*

Leerlo te llevará por caminos que seguramente conoces. Espero que también te conduzca por aquellos que no has encontrado o que habías creído que andabas sola. Aquí comparto lo que sí funcionó en este proceso, tanto para mí como para otras.

Qué importante saber que hay alguien más que ha pasado por donde nosotras. Que dejó piedritas o pedacitos de pan como Hansel y Gretel para poder seguir el rastro. Si los encuentras en este camino, me sentiré más que satisfecha con el intento.

...Que te ames en ti mismo, de tal modo
compendiando tu ser, cielo y abismo,
que sin desviar los ojos de ti mismo
puedan tus ojos contemplarlo todo.

Y que llegues, por fin, a la escondida
playa con tu minúsculo universo,
y que logres oír tu propio verso
en que palpita el alma de la vida.

Irás sobre la vida de las cosas (fragmento)
Enrique González Martínez[1]

Capítulo 1

Ideas que podrían serte útiles

Dice Viktor Frankl: *No le hagas una pregunta a la vida si no estás preparado para la acción que implica la respuesta.*

Las preguntas y respuestas que vivimos dentro de una compulsión por lo general están relacionadas con abuso: sexual, emocional, físico; falta de límites, mentiras en nuestra familia, otras adicciones, algo que no esperamos encontrar cuando nos ponemos inocentemente a dieta la primera vez.

Por tanto, encontrarás muchos temas para explorar y desarrollar. En el transcurrir de las páginas, compartiré contigo las dudas que comúnmente aparecen en las mujeres con un trastorno alimenticio.

Como todo lo que se escribe, habrá de seguro cosas que no serán afines a ti, ni de tu agrado. Por favor, toma sólo lo que pueda servirte, y lo demás deséchalo.

Encontrarás mezcladas historias mías, de participantes de mis talleres o terapias (por supuesto anónimas y autorizadas por ellas) y algunos ejercicios o tareas que pueden serte útiles.

Lo que está escrito aquí son experiencias que pueden ser muy parecidas a las tuyas, pero para encontrar tu propia verdad tienes que sumergirte en tu historia y en los significados que tú le diste a lo que a ti personalmente te pasó.

Para eso es que he incluido los ejercicios. Cada tema refuerza su validez con lo que tú vas a escribir.

Tal vez tú y yo nunca nos conozcamos personalmente, pero podemos estar conectadas a través de la ventana común por la que nos asomamos.

A continuación te muestro un cuestionario tomado del libro *La obesidad es un problema familiar,* de Judi Hollis,[2] en el que puedes medir si tu problema es compulsivo o simplemente tienes malos hábitos alimenticios.

Cuestionario para medir si existe adicción a la comida	*Sí*	*No*
¿Te sientes culpable cuando comes?		no
¿Escondes la comida o te escondes cuando comes?		✓
¿Comes tanto que la comida te produce náusea o vómito?		✓
¿Te has provocado vómito después de comer?		✓
¿Tomas laxantes para controlar tu peso?		✓
¿Te pesas en la báscula más de una vez por semana?	✓	
¿Te has encontrado en la situación de no poder dejar de comer?		✓
¿Has ayunado para controlar tu peso?		✓
¿Después de comer te quedas dormida?		✓
¿Piensas que ciertas ocasiones imponen ciertos alimentos?	✓	
¿Consideras que un restaurante “bueno” es aquel donde sirven platos abundantes?		✓
¿Comes tentempiés antes de salir a comer con otra persona?		✓
¿Comes de pie?		✓
¿Te despiertas por la noche a comer?		✓
¿Tu vestuario varía tres tallas o más?	✓	
¿En ocasiones comer te produce más hambre que no comer?		✓
¿Limpias el plato, tengas o no tengas hambre?		✓
¿Has sentido que las personas “deberían” amarte con todo y tu gordura?	✓	
¿En una fiesta, pasas la mayor parte del tiempo junto a la mesa de las botanas o conscientemente evitas la zona donde está colocada la comida?	✓	
¿Has tratado de seguir más de una de las dietas que se ponen de moda?	✓	
Cuando hay ciertos alimentos en la despensa, ¿sientes que te están “llamando”?		✓
¿Te compras ropa demasiado grande o muy chica?		✓

	Sí	No
¿Pospones los festejos con el pretexto de "espérate a que controle mi peso"?		✓
¿Te deprimes con facilidad?		✓
¿En tu familia la comida era un tema central, ya sea de control o de exceso?	✓	
¿Te premiaban o mostraban el afecto con pasteles, dulces o chocolates?		✓
¿Te has preguntado alguna vez "en qué momento me acabé esta cantidad de comida"?		✓
¿Has padecido el síndrome lunes-dieta, jueves-atracón?		✓
¿Te dices con frecuencia "me lo acabo todo porque mañana empiezo la dieta"?	✓	
¿Confundes el hambre con la ansiedad?		✓
¿Comes cuando te enojas, estás triste o te sientes sola?		✓
Cuando haces ejercicio, ¿lo haces exhaustivamente?	✓	

SI HAS RESPONDIDO SÍ A MÁS DE 10 DE ESTAS PREGUNTAS ES PROBABLE QUE PADEZCAS ADICCIÓN A LA COMIDA

Si después de contestar el cuestionario, crees que este libro puede darte algunas respuestas, comienza el viaje.

Capítulo 2

Mi historia: ¿Qué le pasó a esa niña que era tan flaquita?

Son las ocho de la noche de este 11 de julio del año 2000.

Hoy cumpliría 100 años mi abuelo, la persona de quien más amor incondicional recibí. Así que estoy frente a la computadora y le encomiendo cada palabra de este capítulo, con la intención de que pueda tocar tu corazón si eres una mujer que ha vivido y sufrido este infierno de la adicción a la comida.

Comparto contigo mi historia para que sepas que no estás sola, que el camino por el que vas ha sido recorrido por más mujeres como tú, y que sin importar dónde estés, hay solución.

Empecé con este problema a los 16 años.

Repentinamente.

Vivía en una familia de personas delgadas, la comida no representaba algo sumamente especial, mi mamá y mi abuelita no entraban a la cocina con gran placer y no recuerdo ningún platillo hecho por ellas.

Eran nuestras nanas quienes nos preparaban, por ejemplo, sopa de guías de chayote, fideo seco con crema y jitomate, sopa de bolitas de carne con calabaza, pay helado de limón, zapote con naranja.

Pero yo no moría por la comida. De hecho, de niña me dejaban horas frente al plato de sopa de hígado que me raspaba la garganta, y como era obediente, me la terminaba fría después de que todos habían abandonado la mesa muchísimo antes.

Y de repente me vi comiendo galletas de naranja por kilo, directamente de la caja, parada, atragantándome.

Como era tan delgada (pesaba 50 kilos) y estaba acostumbrada a comer mucho, las galletas de naranja no me engordaban. Pero, poco a poco, sin darme cuenta, empecé a subir de peso y un día no me cerraron los primeros pantalones.

No recuerdo en realidad cuándo empecé mi primera dieta.

Tampoco el hambre que seguramente sentí y cómo se desencadenó todo lo demás. Lo que ya recuerdo es a mi abuelita (vivíamos en su casa) comprándome comida especial que yo le pedía, o pagándome las sesiones de Weight Watchers.

Soy una persona con mucha fuerza de voluntad y no me explicaba por qué no podía parar de comer. Por qué empecé a robarme la comida en la noche, por qué comía en el baño, en el coche, como una ladrona.

Como no hay gordos anónimos, se me empezó a notar.

Y principió, por parte de mi familia, la preocupación, la burla, la impaciencia, la incomprensión.

¿Otra dieta más?
¿Ya para qué gastas?
¿No que eso no te lo podías comer?

Cualquiera de estas preguntas me llevaba directamente a la cocina,a la alacena o a la báscula, que de modo irremediable me llevaba también a la cocina.

Así comenzó un círculo vicioso que tardaría años en entender, y otros más en resolver.

Empecé a visitar médicos, endocrinólogos, ginecólogos, dietistas, masajes, *spas*, etc. Creía que mi problema era físico, que algo adentro se me había descompuesto: la tiroides, los ovarios.

Nadie jamás me dijo qué:

La comida estaba siendo para mí

sólo la tapa de un volcán

que entre más tardara en destapar,

más fuerte haría erupción.

Un día, desesperada, le pedí a mi mamá que me llevara a terapia. Empecé con un psicoanálisis que sí me sirvió para entender claramente que no podía parar de comer, pero no me permitió parar. Duré casi seis años así. Cada vez más gorda y desesperada, confundida, enojada y decepcionada de mí misma.

Como estaba tan preocupada de cuánto pesaba, no me importaba nada que mis padres se hubieran demandado para un divorcio necesario, que mi papá hablara borracho a las dos de la mañana, llorando, suplicando, ni tampoco me importaba que amenazara con matarse o matar a alguien más. O que mi mamá tuviera que trabajar todo el día para darnos lo que necesitábamos para vivir, a seis hermanos en edades de secundaria a universidad, con todo lo que eso económicamente implicaba.

Tampoco me importaba tener un novio cruel y chantajista, enfermo y dependiente, al cual le tenía pavor. Sólo importaba cuánto pesaba. Si la báscula me decía esa mañana que había bajado de peso, y, por tanto, era una persona valiosa, nada más me importaba.

Era mucho más fácil reducir el problema al tamaño del plato, de mis pantalones o de la báscula.

Llegó un momento en que empecé a dejar de sentir todo lo que no tuviera que ver con la comida. No podía sentir tristeza, enojo, alegría, paz, por lo que estaba sucediendo a mi alrededor. Sólo sentía una ansiedad que me llevaba directamente a comer.

Cada vez era más la ansiedad, cada vez comía más y más veces. Me sentía, me veía más gorda y me odiaba más.

La ansiedad era tan fuerte que debía correr hacia la cocina o la tienda, podía salirme de un examen para comer; cuando cobraba algún trabajo compraba a veces 10 o 12 bolsas de *Pingüinos* que me comía antes de llegar a mi casa.

Y después de eso me sentaba a comer, a veces, la comida de dieta que amorosamente me habían preparado.

Llegó un momento en que la ansiedad fue tal que pensé que así se infartaban las personas. Tenía tanto miedo de morirme que corría, aun de noche, al refrigerador o la despensa a comer lo que fuera: frijoles congelados, arroz frío, las 14 donas que había comprado mi abuelita para el día siguiente para toda la familia, galletas marías, etcétera.

La ansiedad se quitaba por unos minutos y después lo que me llenaba era una profunda tristeza o coraje, seguido de un sentimiento de culpa por haberlo hecho una vez más.

¿Qué no soy una persona inteligente?
¿No tengo fuerza de voluntad?
¿Esto tiene un final?
¿Llegaré a pesar 130 kilos o más?
¿Es que cambió mi metabolismo?
¿Nunca más seré delgada como antes?
¿Esto es un castigo?
Y si es así, ¿qué hice para merecerlo?

Y mientras me hacía todas esas preguntas, comía y comía.

Mi familia, que me veía sufrir, también trataba de ayudarme.

Come sólo un poco de todo, empieza por la ensalada, llénate de agua, haz más ejercicio, date permiso, no tiene importancia, no te des permiso, tan bonita que te ves delgada.

Pero nadie comprendía que para mí un pedazo más de pan podía desencadenar un atracón de 20 tacos o un pastel entero, seguido de galletas, chocolates. Nadie sabía lo que realmente podía comer. Me avergonzaba mucho de compartirlo con alguien.

Conocí a una amiga en la preparatoria. Tenía el mismo problema que yo. Hablábamos todo el día de dietas y de romperlas. Nuestra relación era una combinación de apoyo y competencia.

No nos dábamos cuenta de que lo que dolía estaba debajo, que de eso no hablábamos porque no nos atrevíamos a decírnoslo ni siquiera a nosotras mismas.

Así pasaron los años en que se supone que una mujer es más feliz. La edad de la conquista de los hombres. Yo, llena de granos en la cara y con 20 kilos de más, a lo que podía aspirar era a ser la confidente de los hombres que me hablaban de sus conquistas. Era la típica buena amiga.

Y si tenía una relación con alguien que no me satisfacía, me aferraba como si fuera el último hombre de la tierra.

Como estaba desconectada de mis emociones, podía tolerar cualquier abuso y al mismo tiempo pasar de largo lo que realmente recibía. Era una bolsa sin fondo para recibir el amor. Nunca había suficiente. De nada. Sólo la comida tenía un límite: lo que me cabía en el estómago y en el esófago.

Junto con el infierno de la comida estaba el infierno de pensar en ella: en qué comía, qué no comía, cuánto pesaba, si bajaba, subía, etc. Yo le creía mucho más a la báscula que a cualquier persona. Si alguien me decía *te ves bien*, pensaba: *está mintiendo, quiere pedirme algo.*

Sólo un número, el de los kilos que bajaba, importaba para creer que valía la pena, que tenía derecho a algo.

En realidad no importaba cuántos kilos bajara o subiera, nunca era suficiente, veía fotos de cuando era más delgada y recordaba que en ese tiempo quería ser más delgada. Siempre había algo que mejorar, algo que cambiar.

Era peor esta obsesión que cualquier otra cosa. Hubiera dado cualquier cosa por dejar de pensar en ello.

Pero no podía.

Y así duró el conflicto aproximadamente seis años.

Un día, ya harta de estar desesperada y enojada, me dije: *Sé que creo que si tolero esta ansiedad me va a dar un infarto. Pero tal vez si la tolero sólo un minuto, con reloj en mano, pueda soportarlo. Me prometo que me pararé frente al refrigerador y cuando transcurran los 60 segundos voy a comer todo lo que quiera. No importa si como hasta reventar, no importa si subo más de peso, ya he probado todo, ¿por qué no llegar al límite del límite?*

Y así lo hice.

Un minuto duró ese primer intento.

No me morí y sí me comí todo lo que pude. Al rato volvió a pasar lo mismo. Y repetí la operación. Pasaron días así.

Empecé a poder pararme a dos o tres metros del refrigerador, luego sentarme en la silla de la cocina, luego podía soportar estar ya en el comedor.

Seguía subiendo de peso, pero de un minuto pasé a cinco, luego a 10, la ansiedad fue bajando, la frecuencia de la ansiedad también.

Y entonces la cantidad de comida disminuyó.

Empecé a pasar noches enteras sin comer.

Y un día, un maravilloso día, terminó sin que hubiera pensado una sola vez en este asunto.

Y entonces sucedió algo que ahora les digo a mis pacientes y que no me creen hasta que lo experimentan: empecé a dejar de preocuparme y al mismo tiempo a bajar de peso.

Me preguntaban, ¿estás adelgazando?, y ya no contestaba con la reseña de la última dieta de moda o cuánto ejercicio había hecho esa semana. Contestaba: "creo que sí", pero la pregunta empezaba a diluirse en el espacio.

Ya no me entusiasmaban las conversaciones que antes generaba y estimulaba, cuánto, cómo y dónde para ser delgada.

Y junto con esto,

llegó la conciencia.

Empecé a ver, escuchar y sentir lo que realmente pasaba y había pasado en mi familia durante muchos años.

Vivíamos en una familia aparentemente preciosa, con hijos lindos, estudiosos e inteligentes; mis papás eran guapísimos y alegres.

Pocos sabían que mi papá era alcohólico, que se tropezaba al subir la escalera con los cubos de cartón que teníamos en el *hall*, que le teníamos pavor y corríamos a dormirnos cuando oíamos que llegaba.

Mi mamá aparentaba ser una mujer feliz, pero pasaba las tardes cosiendo calcetines y ausente emocionalmente de nosotros, porque no sabía qué decir.

Si la veíamos llorando y le preguntábamos: *¿qué tienes?*, ella decía: *nada*.

Vivíamos confundidos, como escuchando el canal cinco y viendo el canal dos.

Sabíamos que estábamos desprotegidos, pero no sabíamos cómo pedir protección.

Durante muchos años no pude decirle a mi mamá nada acerca de mí porque se me hacía un nudo en la garganta y me había prohibido llorar.

Entonces reduje mi conversación a un intercambio de información y me escondía debajo de la almohada a sufrir sola.

Durante muchos años viví con pavor de ser secuestrada. Nuestra casa daba a un parque en el que por las noches se estacionaban algunos coches, con las típicas parejas a besarse en la oscuridad. Yo creía que alguno de esos coches era de los secuestradores que estaban vigilando la casa. Ese terror era irracional y ocupaba la mayoría de las horas del día en mi cabeza. *Si pudiera creer que alguien me cuida,* pensaba.

Dos veces a la semana iba a la clase de piano que tomaba a una cuadra de mi casa. Mi mamá me decía que no me iba a pasar nada, que no fuera ridícula, y me mandaba sola.

Yo sufría cada paso, llegaba temblando, rezaba lo que duraba ese camino, que no deben haber sido más de 40 segundos, pero para una niña de ocho años era una zambullida en agua fría sin aire.

Ahora pienso que tal vez necesitaba creer que alguien podía pagar un rescate por mí, quizá de esa forma podía comprobar que era importante para alguien.

Pero no me atrevía a decirle a nadie *hazme caso, me siento débil, asustada.*

Y así crecí, aparentando ser fuerte y que no me pasaba nada, y con el tiempo realmente dejó de pasarme. Hasta que la comida me mostró que eso no era cierto.

La compulsión y la verdad no son amigas.

Cuando empecé a ser sincera con lo que realmente me ocurría, cuando lloraba de tristeza en vez de reírme o de correr, cuando pude decir *no me gusta*, en vez de *no te preocupes*, empecé a adelgazar.

Las galletas de naranja volvieron a ser simples galletas de naranja, corrientes y empalagosas, y mi corazón empezó a decir la verdad.

Al principio me salió muy mal.

La verdad estaba tan comprimida que el enojo o la tristeza que sentía era muchas veces desproporcionado, los demás no me entendían claramente, pero seguí por ese camino, que por fin me había abierto la puerta.

Empecé a tomar cuanto curso, taller o retiro me recomendaban, de comunicación, autoestima, manejo de sentimientos; quería saber todo, quería entender qué pasaba en mi cerebro, en mi familia, en mi corazón.

Y en ese proceso conocí a otra amiga que hasta la fecha recuerdo llena de amor y agradecimiento. Gracias a ella leí *Las mujeres que aman demasiado,* de Robin Norwood, libro que podría decir cambió mi vida.

Allí descubrí que por ser hija de un alcohólico y haberme desarrollado en una familia disfuncional, aprendí a dar, aceptar, callar, perdonar, etc., **de más**.

Por la imposibilidad de escuchar a mi corazón se fue atrofiando mi percepción de lo que sentía y me quedé sólo con lo que **debía** sentir.

Mi papá era quien mandaba en nuestros sentimientos; si él estaba enojado, lo que tocaba sentir era miedo y prudencia; si él estaba preocupado, lo que correspondía era silencio y solidaridad, nada más.

Nuestro enojo, miedo, tristeza, y en general todas nuestras necesidades eran pospuestas para mejor ocasión, que rara vez llegó.

En un momento de crisis, la comida se encargó de compensar ese de más, es decir, comía en vez de gritar, llorar, pedir, buscar, descansar, etcétera.

También descubrí cómo la **adicción a las relaciones**, es decir,la obsesión por una relación destructiva, abusiva, violenta, en pocas palabras que quita en vez de dar, se compensa casi siempre con otras adicciones más controlables, ya que aparentemente la comida, la bebida, la limpieza, el cigarro, etc., se controlan más fácil que una persona que no nos quiere o que no nos puede querer.

Y aquí puede iniciar la cadena: empiezo comiendo para no sentir el dolor, la frustración, el enojo, el vacío, y cuando el cuerpo me obedece y empieza a engordar, ya tengo todo lo que necesito para no ocuparme seriamente de la relación y de mi vida: lo importante es adelgazar.

Hace algunos años, lejos ya de este problema, gracias a una amiga llegó a mis manos otro libro que también cambió mi vida: *Cuando la comida sustituye al amor,* de Geneen Roth.

Me vi reflejada en sus palabras con tal precisión que, llevando un tiempo dedicada a la psicoterapia, decidí entregar el resto de mi vida a apoyar a otras personas que hubieran pasado por lo que pasé o pasó Geneen, ya que lo que más valía de mi vida era mi testimonio en esta travesía.

Empecé con un pequeño grupo que se fue incrementando con el tiempo. En este libro compartiré experiencias que muchos de ellos me han regalado con su confianza y su lucha, y me han permitido, a su vez, transmitirlo a ustedes.

Entonces comprendí por qué la comida había hecho tan buen trabajo.

La comida me había permitido
tapar el dolor verdadero
y sustituirlo por un dolor controlado.

Es por eso que ahora sostengo, después de estos años de experiencia en la terapia y los grupos, que quien come demasiado, generalmente también ama demasiado, es decir, excesivamente, irrespetuosamente, lastimosamente, y va en las relaciones de un exceso a otro, y de la abstinencia al atracón, igual que con la comida.

Aquí encontrarás ejemplos de esto y una guía para entender y salir de este laberinto.

Éste es mi mayor deseo.

Y si puedo a través de estas líneas alumbrar un poco este camino por el que tú vas, mi esfuerzo habrá valido la pena.

Ejercicios:

1. Haz una lista de los acontecimientos que han sido significativos en tu vida. Descubre qué te enseñó cada uno.
2. Quiénes fueron las personas que más influyeron en que seas lo que ahora eres.
3. Escribe una breve biografía y compártela con alguien de tu confianza.

Capítulo 3

Antorchas en el camino

Siempre que buscaba un libro sobre este problema, revisaba primero el índice y luego daba una hojeada para ver si me decía algo nuevo, distinto a lo que ya había probado.

Años después de resolver el problema, entre los que encontré está otro de Geneen Roth (a quien hace poco conocí personalmente y aprecio mucho), Cómo superar la adicción a la comida, que expone interesantes ideas y un sencillo programa que puede convertirse, como cualquier buena y sensata idea, en un hábito de vida.

Entre las reglas que maneja, y algunas que también probé y me funcionaron, se encuentran, dichas a mi modo, éstas:

1. Observa qué sentimientos anestesias o pospones al comer. Antes de llevarte algo a la boca pregúntate qué hay en tus emociones.
2. Come con conciencia. Siéntate. Evita las distracciones. No leas, no mires la televisión ni cualquier otra cosa que te permita *hacer sin hacer.*
3. Observa lo que tu cuerpo pide y toma conciencia si es lo que tu emoción pide. Recupera tu sensación vacío-satisfacción.
4. Observa por algunos días si la hora en la que comes es la que realmente te conviene porque tengas hambre. Si no es así, prueba otras.
5. Come lo que tu cuerpo te pida y busca aquellos alimentos que te hacen sentir cómoda, satisfecha y saludable. Revisa cuáles te resultan disparadores de la compulsión.
6. Obedece a tu hambre.

Seguir estas sencillas reglas hará por ti varias cosas:

- Te permitirá acabar con la prohibición y, por tanto, con el exceso que trae consigo, por ejemplo al hacer una dieta tras otra.
- Encontrarás que al quitar la prohibición, tu cuerpo empezará a hablar nuevamente con la sabiduría de tu organismo con la que naciste.
- El cuerpo no nos pide un frasco de cajeta, a menos que exista una descompensación con el azúcar o ésta se haya convertido en un anestésico poderoso.
- Nuestro cuerpo nos pide alimentos diferentes con respecto al clima, a la estación, o a lo que hayamos comido anteriormente, de forma que lo que te pide hoy quizá no te lo pida mañana; por eso, una dieta que nos obliga a comer una u otra cosa sin permitir preguntarnos qué necesitamos, no responde a la sabiduría y a la armonía en la que nuestro cuerpo puede vivir si así lo permitimos.

Las reglas antes expuestas (es decir, comer lo que te hace sentir bien, satisfecha, nutrida y ligera, siempre y cuando tengas hambre) te permitirán también recuperar la sensibilidad que se pierde cuando el termómetro que dan las sensaciones corporales se altera con ciertos alimentos, sobre todo, el azúcar y el harina combinadas con la grasa (pasteles, pays, helados); en este caso, la comida nos sirve como un amortiguador de golpes emocionales.

Veremos esto con más detenimiento. Las personas que llegan a mis talleres me preguntan si eso es todo.

Parece sencillo.

Lo que no es tan simple es todo lo que empieza a aparecer cuando la comida vuelve a ser sólo comida.

Vivir en la verdad implica

compromiso

conmigo y con los demás.

Un día me contó una amiga que cuando ella era bebé, tendría unos nueve meses, su mamá le ponía en su mesita diferentes alimentos, cortaditos para que pudiera comérselos con la mano. Y que ella escogía lo que realmente necesitaba: cuenta la mamá que había días que se iba directamente a las verduras, empezaba con el aguacate, seguía con los ejotes y terminaba llena de puré de espinacas. Otro día prefería los rojos, comía betabel, jitomate, zanahoria. A veces sólo proteínas: jamón, queso.

Seguramente hubo días en que comía cosas más dulces y así fue creciendo, respetando la sabiduría con la que su cuerpo le hablaba, usando lo que poco a poco hemos ido perdiendo: el instinto como fuerza para la supervivencia.

¿Alguna vez han visto una escuela de nutrición para animales?

Ellos nacen con la capacidad de alimentarse acorde a sus necesidades. Son los animales domésticos, que quedan en nuestras manos, los que van perdiendo esta virtud y empiezan a comer mal y de más.

Cuando en nuestra familia nos curan el dolor y la tristeza con chocolates, dulces y helados; cuando tenemos a nuestro alcance, en cada calle, una miscelánea con productos llenos de químicos y conservadores, perfectamente diseñados para ser consumidos aun sin tener hambre, nuestro cuerpo va perdiendo esa valiosísima capacidad:

El cuerpo, si se lo permitimos,

sabe lo que necesita.

Analicemos más a fondo las reglas anteriores:

1. **Observa qué sentimientos anestesias o pospones al comer. Antes de llevarte algo a la boca pregúntate qué hay en tus emociones.**

Observa también la hora en la que comes, pues ésta nos ayuda a hacer un mapa de vulnerabilidad, es decir, rastrear las horas en que te cuesta más trabajo atender tus necesidades emocionales y, por tanto, buscar el alivio de la comida.

Por ejemplo, puedes descubrir que los miércoles en la tarde te diriges varias veces, casi como una autómata, a comer galletas con cajeta y café con leche. Una y otra vez, obviamente sin hambre y cada vez con mayor hastío.

Resulta que los miércoles son los días que tu marido se va al dominó con sus amigos y llega hasta tarde.

No sabes muy bien qué te pasa, sólo sientes una pequeña ansiedad que va creciendo si no la calmas con unos puños de galletas. Notas también que después de comerte las galletas empiezas a sentirte enojada contigo por haber comido algo que no querías.

Empiezas entonces a atacarte, a decirte: lo sabía, no podías aguantarte, nunca vas a aprender, etc. Y, entonces, cuando te llama tu marido para decirte: hoy llego tarde, recuerda que tengo el dominó, tu estado de ánimo está tan contaminado que no puedes hacer contacto con lo que realmente sientes ante esta frase.

¿Qué tiene que ver una cosa con otra?

Enojarte con otra persona,
compartir lo que te pasa, poner límites,
negociar en una relación,
implica necesariamente al otro.

Si el enojo sólo es contigo por comer galletas con cajeta, la cosa se simplifica bastante.

Tú sólo tienes que vértelas con tu peso, tus pantalones de mezclilla que ya no te entran, la báscula, el tamaño del plato.

Aparentemente el problema se reduce y lo único que aumenta es tu talla.

Si lo que tú necesitas es decirle a tu marido (o a tu hermana, tu amiga, tus hijos) que una u otra cosa te molestan, que no estás dispuesta a hacer más de esto u lo otro, y no sabes cómo hacerlo, o por dentro sientes que te vas a romper o que cuando digas lo que necesitas te van a abandonar, siempre estará más cerca la alacena que los límites.

Imagínate que te levantas, sirves el desayuno a tu familia y cuando todos se han ido te encuentras con la montaña de ropa que tienes que lavar, los trastes sucios, el piso asqueroso porque el perro se metió con las patas llenas de lodo, etcétera.

Primero un buen desayuno, piensas, y tal vez tu intención o tu cuerpo te piden un vaso de jugo de naranja, un yoghurt o unos huevos revueltos, y con eso empiezas, pero después te descubres comiéndote las sobras que dejaron los demás, tres panes tostados con mantequilla y mermelada, la leche con chocolate que tu hija no se terminó. Repleta y frustrada por tu poca fuerza de voluntad, continúa tu día.

Lo real –el enojo por no poder pedirles a los miembros de tu familia que ayuden a recoger y lavar sus platos, o hagan sus camas o cualquier otra labor compartida– es cubierto y embadurnado con la mermelada del pan que tú te comes, sin hambre y sí con mucho coraje hacia ti misma.

Es por eso que cuando te digo que observes qué sientes antes de comer lo que estamos haciendo es destapar la coladera y permitir que lo que surge del interior salga a la superficie y te permita implicarte en lo que pasa y, por tanto, **responsabilizarte de tu propia vida, de lo que sientes y sus consecuencias.**

Cuando la gente llega al taller y yo le digo *a partir de hoy vas a obedecer a tu cuerpo y a observar tus emociones,* generalmente dice dos cosas:

a) No sé hacerlo. Tengo demasiado tiempo obedeciendo a otros, las voces externas, a mis padres, hermanos, médicos, amigas, las dietas de moda. No sé si sigue funcionando esa sabiduría organísmica de la que hablas.

b) No creo que a mí me funcione algo tan sencillo. Eso es para personas que no lo han intentado todo como yo.

Veamos lo que hay detrás de estas dos objeciones:

En la primera te estoy pidiendo que hagas algo que tal vez lleves años sin hacer: **te responsabilices de ti misma.** Es decir, dejes de echarle la culpa a los otros por lo que no funciona. Que veas y compruebes lo que tu propio ser, empezando por tu cuerpo, es capaz de lograr, tocar los límites, volver a sentir lo que de niña sentías: alegría, dolor, enojo, éxtasis.

Y al responder por ti misma recuperas tu poder. Esto no sucede en dos días. Piensa cuánto tiempo llevas engañando al cuerpo, dándole galletas en vez de brócoli, o brócoli en vez de jamón o chocolates. Cuando puedes comer de todo al mismo tiempo y haces conciencia de tus sentimientos, la comida, lenta pero de manera segura, va volviendo a ser lo que es: **alimento.** Energía para vivir.

Al principio es muy lógico que te excedas en aquello que te has prohibido por tanto tiempo, y al quitar la prohibición lo que viene es el desenfreno. Es importante tomar en cuenta que habrá alimentos que te disparen la compulsión y de ésos siempre deberás cuidarte. Tal vez sean los chocolates blancos, las papas fritas, las salchichas con limón, es decir, alimentos que al empezar ya no puedes parar. Para evitar ese desenfreno natural, nútrete con actividades que te apasionen, con personas que te alimenten emocionalmente, que te hagan sentir bien y te permitan recuperar la alegría y la esperanza por la vida. La prohibición trae el exceso; por tanto, sé cuidadosa con él.

Recuerdo que hace algunos años, en un viaje a Cuba, estaba en el aeropuerto esperando el avión de regreso, cuando de repente llegaron unas 50 personas y, como si las estuvieran persiguiendo, se metieron en la única tienda que había. Se arrebataban las cosas, no les importaba qué fuera, las manos y los brazos no les alcanzaban para detener todo lo que se querían llevar. Dejaron la tienda verdaderamente saqueada.

Luego pregunté y me dijeron que eran rusos, tal vez era la primera vez en su vida que tenían acceso a una tienda donde pudieran escoger. No importaba qué. Lo que querían era vivir la experiencia de decir: ¿esto o aquello?, ¿dos o tres?

No importa si al principio te comes dos o tres panes repletos de *Nutella* o cuatro huevos con jamón o un litro de yoghurt, tu cuerpo va a probar primero si eso que le estás permitiendo es verdad.

Ahora, quiero hacer esta aclaración: Nuestro cuerpo no ha evolucionado como lo ha hecho nuestra tecnología, es decir, reacciona como lo hacía hace miles de años, cuando el hombre recolectaba, comía y era el cuerpo el que acumulaba, ya que no existían congeladores ni tiendas de autoservicio.

Las caderas en las mujeres y el vientre en los hombres han funcionado desde hace mucho como refrigeradores vivientes; el cuerpo acumula el exceso para los tiempos de abstinencia. Si tú le das a tu cuerpo de más, después de haberle dado de menos, éste no sabe si es domingo y el lunes vas a empezar la dieta de la sopa de col o la de plátano con leche; por lo pronto, acumula los nutrientes que puede y en forma de grasa te dice estoy preparado para la siguiente.

Por tanto, es importante que sepas que borrar de tu mente los alimentos prohibidos y permitidos requiere un proceso que dependerá del tiempo y el maltrato al que te hayas sometido. Además, es muy importante que, en esta etapa de búsqueda de lo que quieres comer, consideres que nuestra sociedad nos empuja, muy eficientemente, a atiborrarnos de cosas que no nos nutren, que sólo nos llenan de conservadores, colorantes y sabores deliciosos, pero que dispararán nuestro deseo de otras cosas que parecieran llenarnos como la comida. Por tanto, después de esta exploración, deberás buscar los alimentos que siendo sabrosos para ti también te recuerden que tu cuerpo merece ser cuidado y bien tratado, porque es el único que tienes y te durará según cómo lo alimentes, el ejercicio que hagas, los pensamientos que le des, las lecturas que hagas, es decir, tu vida será también resultado de tus decisiones, y eso incluye la comida.

Algo interesante empieza a suceder cuando pones en práctica este paso que implica preguntarte qué sientes: al principio tal vez no sabes. Estarás llena de sensaciones como ansiedad, antojo, etcétera.

Eso es lo único que puedes registrar antes de comer.

Esto es perfectamente normal.

Si por años la comida ha llegado a amortiguar lo que sientes, llega un momento en que el registro sensorial –es decir, la señal que manda tu cerebro a tu cuerpo para saber qué sentimiento experimentas– se interrumpe esperando el azúcar, el harina o la grasa. Será con los días o las semanas que irás volviendo a sentir lo que hay dentro de ti y entonces empezarás a registrar tristeza, aburrimiento, enojo, frustración, impotencia, alegría, amor, ternura.

2. **Come con conciencia. Siéntate. Evita las distracciones. No leas, no mires la televisión ni cualquier otra cosa que te permita *hacer sin hacer.***

Esto parece más simple aún. Pero tiene dos implicaciones importantes:

La primera es la conciencia que adquirimos al hacer un alto en nuestras actividades para comer, específicamente comer.

Esto significa que una de las intenciones del comer (distraerme de lo que me pasa) no llega a su destino, porque al tomar conciencia de que estoy comiendo, aun si no puedo parar, desconecto la inercia y puedo preguntarme qué me pasa.

La compulsión no es amiga de la verdad.

Porque la verdad me conecta con mi ser,

mis circunstancias, mi poder.

La compulsión, en cambio, me mantiene dormida e insensible ante lo que sucede y sus consecuencias.

Cuando me siento a comer (en donde sea, incluso en el piso de la cocina), y me doy cuenta que lo estoy haciendo sin hambre, sin disfrute, con prisa, estoy diciendo: alto.

Hay algo que revisar: cuando me siento a comer y puedo disfrutar del alimento, puedo darme el tiempo de poner un lugar para mí, entonces doy un paso importante hacia el respeto a mi propio cuerpo, a mis emociones y mi espíritu, y hacia quienes participaron para que éste llegara a mi mesa.

Ésta es la segunda implicación del sentarme a comer.

Sentirme merecedora de alimentarme, como lo haría con una amiga a la que amo y quiero halagar, me permite también comer a la vista de los demás y, por tanto, recuperar mi derecho a elegir lo que como, pese lo que pese sobre una báscula. Esta cultura nos dice que si tenemos una talla mayor que la 7 hemos perdido ese derecho.

Que tenemos que pasar hambre el resto de nuestra vida porque no nos parecemos lo suficiente a Julia Roberts.

Comer con conciencia es comer con dignidad.

Evita comer leyendo o en conversaciones muy intensas o acaloradas. Si estás en una situación así, es mejor que te muevas de la mesa o alejes los alimentos porque es probable que antes de que te des cuenta te hayas acabado los platones.

3. Observa lo que tu cuerpo pide y toma conciencia si es lo que tu emoción pide. Recupera tu sensación vacío-satisfacción.

Esto es, vuelve a escuchar los sonidos y a sentir en tu estómago y tus intestinos el vacío que te lleva a comer. Al principio este vacío está ligado con otros vacíos que se han acumulado a través del tiempo, o se han ido sumando significados y ahora, cuando sientes hambre, no sabes si es de sopa o de trabajo, si lo que quieres es un pastel o compañía.

Aparentemente, en el cuerpo se registran igual.

Geneen Roth recomienda saltarse una comida para dejar llegar el hambre y se puede hacer una vez o varias, sólo con el objetivo de forzar un poco al cuerpo a mandarnos la señal del hambre física.

No estoy diciendo aquí que saltarse comidas sea lo adecuado para adelgazar, hazlo sólo para reconocer el hambre y luego vuelve a comer cuando tengas hambre. Cuando descubras que tu hambre no es física, pregúntate de qué tienes hambre (cariño, seguridad, compañía, dignidad).

Al principio es normal que sólo puedas darte cuenta, pero no puedas todavía parar de comer. Lo anterior es porque no tienes las herramientas para hacer frente a la necesidad que surge, porque tal vez llevas muchos años haciendo lo mismo. Es como caminar con muletas sin advertirlo. Cuando lo descubres tus músculos siguen atrofiados y requieren rehabilitación y práctica. Sigue adelante con paciencia y encontrarás los recursos para fortalecer las áreas que en tu vida han estado olvidadas.

4. **Observa por algunos días si la hora en la que comes es la que realmente te conviene porque tengas hambre. Si no es así, prueba otras.**

Hay quien necesita comer con poca hambre para no avorazarse y hay quien prefiere tener más para disfrutar mejor.

En esto no hay reglas establecidas. Observa si las horas de comida que normalmente haces coinciden con tu necesidad. Tal vez notes que preferirías almorzar a las 11 de la mañana y esperas hasta las tres de la tarde para comer con la familia. Obviamente llegarás mordiendo hasta el mantel. Puedes tomar algo a las 11, para que a la hora de compartir con tu familia la comida puedas atender también loque sucede con las personas y contigo, no todo lo que hay servido, es para ser devorado por ti.

Tomar conciencia de tu bienestar, al sentir hambre es un paso importante en la recuperación, no sólo de la salud (porque al comer con hambre adecuada podemos escuchar mejor al cuerpo), sino, como dije antes, de la dignidad.

5. **Come lo que tu cuerpo te pida y busca aquellos alimentos que te hacen sentir cómoda, satisfecha y saludable. Revisa cuáles te resultan disparadores de la compulsión.**

Esa raya de la prohibición se hace más profunda con cada dieta y, además, esta polaridad prohibido-permitido también va invadiendo otros temas de nuestra vida: polariza nuestros sueños, nuestro cuidado y nuestro bienestar, junto con el de los demás. Nuestro comportamiento se parece al de los alcohólicos: una copa y ya están del otro lado, se toman cinco o 10, ya qué importa, y se siguen en la fiesta el fin de semana si empezaron el viernes, y si es noviembre ya no se hizo nada este año.

A ver si esta escena te parece conocida:

Es lunes. Empezamos con el firme propósito de comer sólo alimentos nutritivos.

El desayuno consta de dos huevos tibios, media toronja, un café con canderel.

Satisfechas o no, nos levantamos de la mesa con esa satisfacción que da esa primera comida habiéndonos portado bien. Transcurre la mañana y seguimos en el firme propósito.

La comida se limita a 100 gr de carne asada, lechuga con limón (cinco gotas), ejotes hervidos y gelatina *light*.

El hambre empieza a llegarnos más y la falta de azúcar refinada nos provoca un ligero dolor de cabeza.

Pero al sentirnos más ligeras empezamos a soñar con la playa y el bikini que nos pondremos dentro de unos meses.

En la tarde contamos las horas para que llegue la cena, que consta de un trozo de queso y media manzana. Toda el agua que queramos y té.

Así pasan dos o tres días.

Generalmente el jueves, momento en que el síndrome de abstinencia por el azúcar empieza a afectarnos más, pensamos en la posibilidad de romperla. El sábado tenemos la comida con los vecinos y sería descortés llegar con un recipiente lleno de lechuga, además ella cocina un pay formidable y seguro nos va a dar, y esta necesidad empieza a socavar la fantasía de la playa y el bikini.

Empezamos a dar vueltas a la cocina.

¿Qué irán a cenar los demás?, sacamos los ingredientes y empezamos a preparar. Y en un momento, sin darnos mucha cuenta, sucede. Probamos la cajeta del pan que estamos untando. *Una cucharadita nada más; bueno, medio pan, un pan completo, qué barbaridad, qué estoy haciendo, bueno, ya ni modo, es jueves, mejor como normal de aquí al sábado o domingo y el lunes lo vuelvo a intentar.* El pan con cajeta no es todo. Revisamos el refrigerador y quedaron espaguetis del martes, que sólo vimos pasar. Sin sacarlos del recipiente, fríos, nos acabamos las dos raciones sobrantes.

Y no necesito ahondar en tantos detalles.

Sabemos que el atracón ha empezado.

¿Qué pasaría si el pan, la cajeta, el espagueti y todo lo demás, en vez de clasificarse en prohibido y permitido estuviera al alcance y el cuerpo pusiera las prioridades?

¿Para qué comerme fríos los espaguetis y acabármelos aunque se me salgan por las orejas, si mañana o al rato, con hambre puedo comer más? ¿Por qué no ponerles mantequilla, perejil, queso parmesano, sentarme con una vela encendida, tal vez una copa de vino y comerlo ante los ojos del mundo entero?

Acabar con lo prohibido es acabar
con el exceso que eso conlleva.
Es abrir paso a la responsabilidad
y la abundancia.

Como decía antes, no se logra de un día para otro, sobre todo si llevamos años con esta práctica, pero es el camino más seguro hacia el equilibrio y la paz.

Sin embargo, reitero lo dicho hace algunas páginas; después de esta exploración por lo prohibido, necesito buscar los alimentos que me hagan sentir bien, ligera y saludable, para dar paso a lo nutritivo en mi vida, incluyendo mis relaciones, mi trabajo y la forma que empleo mi tiempo libre. Si permito que la mercadotecnia maneje mis necesidades alimentarias, quizá terminaré comiendo papas con chilito por años. La responsabilidad de lo que ingiero es mía.

6. Obedece a tu hambre.

Los pasos anteriores nos llevan necesariamente a éste. ¿Por qué?

Si conecto mi cuerpo con mis sentimientos, si atiendo las necesidades que están debajo de ellos, si como con conciencia y respeto hacia mí, distingo lo que mi cuerpo quiere, a qué hora lo quiere y se lo doy, la comida va perdiendo su fuerza de anestésico y regresa a ser lo que al principio fue: un nutriente.[3]

Ejercicio:

> Practica estas reglas, una por semana. Escribe todo lo que descubras. Ten a la mano (más cerca que la alacena) papel y lápiz para poder *llenarte* de ideas y sentimientos mientras aprendes más sobre ti misma y tus necesidades.

Capítulo 4

La familia. El problema visto con binoculares

Dice Mario Bejos, un extraordinario psicoterapeuta, especialista en adicciones, que este problema se puede ver con tres diferentes enfoques: *con telescopio*, es decir, incluir a la sociedad y la gran influencia que ejerce; *con binoculares*, es decir, analizar a la familia que genera y mantiene al adicto, y *con lupa*, tratar al adicto en sí.

En el capítulo anterior revisamos los pasos que en mi taller seguimos al comenzar el programa. Éstos son como la carretera por la que transitamos.

A partir de este capítulo hablaremos de lo que vamos a encontrar en el camino: el paisaje, los topes, los atajos, las curvas forzadas.

Empezaremos hablando de la familia que puede generar la compulsión por la comida.

Decía en la introducción que fue Robin Norwood en su libro *Las mujeres que aman demasiado*,[4] quien por primera vez nombró adicción a las relaciones y a la familia disfuncional.

Transcribo aquí un párrafo en el que ella muestra algunas características de esta familia:

Familia disfuncional:

En ella se pueden dar una o más de las siguientes características:

1. *Abuso del alcohol y/u otras drogas (prescritas o ilegales).*

2. *Conducta compulsiva de comer, trabajar, limpiar, jugar, gastar, hacer dieta, hacer gimnasia, etc.; estas prácticas son conductas adictivas. Entre otros efectos alteran y evitan el contacto sincero y la intimidad en una familia.*
3. *Maltrato del cónyuge y/o de los hijos.*
4. *Conducta sexual inapropiada por parte de uno de los progenitores para con un hijo o hija, desde seducción hasta incesto.*
5. *Discusiones y tensión constantes.*
6. *Lapsos prolongados en que los padres se rehúsan a hablarse.*
7. *Padres que tienen actitudes o principios opuestos o que exhiben conductas contradictorias que compiten por la lealtad de los hijos.*
8. *Padres que compiten entre sí o con sus hijos.*
9. *Uno de los progenitores no puede relacionarse con los demás miembros de la familia y por eso los evita activamente, al tiempo que los culpa por esa efusividad.*
10. *Rigidez extrema con respecto al dinero, la religión, el trabajo, el uso del tiempo, las demostraciones de afecto, el sexo, la televisión, el trabajo de la casa, los deportes, la política, etcétera.*

Una obsesión por alguno de esos temas puede impedir el contacto y la intimidad, porque el énfasis no se coloca en relacionarse sino en acatar las reglas.

¿Por qué una familia así puede propiciar que una mujer, desde temprana edad o a cualquiera, manifieste una compulsión por la comida?

Digo desde temprana edad porque este problema puede ser parte del tema familiar, es decir, que la hija vea a la mamá o a la hermana siempre a dieta, o que se premie o castigue con comida, etc. En este caso hay una predisposición explícita, pero puede ser que este problema surja años después y sin haber prácticamente antecedentes, como fue mi caso.

Cuando hay un mal manejo de las emociones y los límites, en una crisis familiar cada miembro se va al rincón más seguro a protegerse.

Esto puede empezar a llamar la atención con problemas en la escuela, mal comportamiento en la casa, rebeldía, uso de drogas legales o ilegales, etc. Pero en el caso de las comedoras compulsivas, normalmente el papel que desempeñamos en la casa es de hijas parentales.

¿Qué es esto?

Somos las hijas bien portadas, responsables, que por lo común nos hacemos cargo de uno de los padres o de los dos, física, emocional o económicamente, a veces también de los hermanos, y esta sobrerresponsabilización y necesidad de control nos genera la necesidad de un alivio, que al mismo tiempo que instantáneo sea inocuo para los demás miembros de la familia, que nos permita seguir funcionando, esto es, que no afecte demasiado nuestro estado de ánimo para seguir ejerciendo el papel que nos ha tocado.

Literalmente, empieza a notarse el sobrepeso que estamos cargando y también claramente sentimos que somos nosotras quienes que lo debemos cargar. Por ello tantos intentos de soltar ese peso y después regresamos como si tuviéramos un resorte que nos jalara hacia ese lugar nuevamente.

Comer es una metáfora del vivir.

Comemos como nos gustaría poder vivir en otras áreas: sin compartir, desaforadamente, sin límites, sin responsabilidad, abusando, con venganza.

No hay abundancia

en esta forma de comer,

sólo exceso.

Y vamos del exceso a la privación como los dos extremos de la cuerda, sin sentir nunca que lo que hay alcanza, o que seguirá habiendo.

Normalmente, una de las primeras preguntas que hago a alguien que llega a terapia conmigo quejándose de no poder adelgazar es: *¿cómo te cuidas?*

Haz una lista, lo más completa posible, de las cosas que haces en el día para ti.

Se sorprenden de no pasar de tres o cuatro renglones. Luego les pido una lista de la forma en que cuidan a los demás, vivan o no en su casa. A veces llenan páginas.

Cuidan excesivamente al esposo, los hermanos, los hijos, los padres, los amigos. Sienten que si no cuidaran así, los demás no las querrían y se verían, por tanto, abandonadas a su suerte.

Es muy interesante vernos abandonadas a nuestra suerte.

Normalmente quienes

abusamos de la comida

no creemos en la suerte.

Nuestra relación con Dios, o con la esperanza en la abundancia y en la vida, es un intercambio controlado en el que siempre acabamos comprobando que si no hacemos nosotras las cosas, no se realizan.

Dice Lair Ribeiro, en su libro *Aumente su autoestima,*[5] que *toda creencia, una vez establecida,* tiene como función única y exclusiva perpetuarse. Esto significa que las creencias que tenemos lucharán contra el universo mismo para que todo siga siendo como nosotros sabemos que es.

Con magistral tino nos relacionamos con personas que nos tratan igual que nos han tratado en nuestra familia, porque este camino, aunque insalubre, es conocido y, por tanto, manejado, controlado.

Si no conozco la confianza, ¿qué hago si alguien me trata con ella? Desconfío, sospecho, inclusive abuso de ésta. En *Las mujeres que aman demasiado* existe un término que en el grupo hemos adoptado. A un hombre bueno, confiable, respetable le llama Robin Norwood *un brócoli a las tres de la mañana*, porque nadie se dirigiría al refrigerador a comerlo.

Todas en nuestra vida hemos tenido junto a nosotras un brócoli y, para nuestro mal, casi todas lo hemos despreciado. Preferimos relaciones que nos mantengan en una montaña rusa emocional, que nos generen la cantidad de adrenalina que necesitamos para sentir que estamos vivas.

Aclararé un poco más lo anterior.

El término **adicción a las relaciones** precisamente explica cómo, cuando hemos crecido en una familia disfuncional, vivimos intoxicados de adrenalina. Los sentimientos de caos y abandono se vuelven nuestro alimento emocional y cuando no los tenemos parece que al-go nos faltara. Esto se convierte en una droga de la cual dependemos y buscamos nuestra dosis diaria, así como el alcohólico necesita las botellas escondidas y al alcance, nosotras necesitamos el conflicto a la mano, para sentir que tenemos (aparentemente) el control, que sufrimos suficiente, que nada va a cambiar.

Aunque parezca una paradoja, cuando empezamos a sentirnos bien no sabemos qué hacer. La sensación de paz, confianza, tranquilidad es tan desconocida, tan inmanejable, nos da tanto miedo, que regresamos al exceso de grasa, o a la relación que nos estaba destruyendo, porque *más vale malo por conocido que bueno por conocer.*

Una persona en el grupo nos compartía un día: *Tengo tanto miedo de estar delgada y que ése ya no sea mi tema en la vida, porque no sé cómo vivir en paz. Siento como si mi papel como persona se hubiera terminado. Si no sufro, si no tengo problemas, ¿qué voy a hacer?*

Esto puede sonar extraño, pero es una de las bases del conflicto con el exceso de peso. La comida sólo tapa los problemas de relaciones. Cuando alguno disminuye o termina, viene el verdadero conflicto: más inmanejable, más doloroso, más antiguo, e implica a veces más consecuencias en mi vida. Es mucho más fácil para mí seguir peleándome conmigo porque estoy gorda, seguir criticándome o castigándome por comer de más, que asumir una relación abusiva, sin límites, que afecta incluso a más personas (mis hijos, mis hermanos, etcétera).

Mientras la lucha sea del tamaño del plato, todo es controlable.

Por las características que vimos, según Robin Norwood, las familias disfuncionales generalmente crean miembros codependientes.

Melody Beattie, experta en codependencia, nos habla en su libro *Ya no seas codependiente*[6] de las siguientes características de la codependencia:

1. **Escaso amor propio.**

Como revisaremos más tarde, en el capítulo de la niña interna, el amor se aprende con las figuras más importantes de nuestra primera infancia: nuestros padres o quienes hayan fungido en ese papel.

La autoestima se va creando, según la imagen que nuestros padres tienen de nosotros.

Un niño que crece con la confianza de ser inteligente y confiable, buscará experiencias que le confirmen esa creencia.

Si desde pequeño le dijeron *eres un tonto*, nunca servirá para nada, irá por la vida comprobando que la inteligencia fue un don que él no recibió.

El amor está vinculado con el ser de la persona. Si soy amada por lo que soy, puedo generar la confianza básica.

Si soy amada por lo que hago de niña, tengo miedo de que si no lo hago bien o como en ese momento me lo piden, el amor se acabará para mí. Por tanto, mi autoestima se resiente.

2. No saber quién se es si no se ayuda a otro.

Vinculado con el punto anterior, creemos que para lograr el amor tenemos que hacer para otros, lo cual se convierte en nuestro sentido de sobrevivencia; cuando no hay otro necesitado a nuestro alrededor, como nuestro amor propio es escaso, sentimos que sobramos en este mundo.

Es por ello que estamos en contacto frecuente con personas necesitadas, cuando alguien ya no nos necesita, buscamos inmediatamente alguien con quién suplirlo (cosa sencilla, dada la enorme necesidad que siempre hay a nuestro alrededor).

Recuerdo a una paciente que vino a verme hace algunos años. Trabajaba dos turnos porque su marido decidió retirarse a los 40 años. Sus hijos estaban pequeños, cuatro y seis años. Ella mantenía a la familia y además recibía el reproche de todos por pasar tan poco tiempo en la casa.

Tenía problemas de salud pero no se quejaba, porque su familia de origen la atacaba y le decía que era una tonta por seguir con él y que la apoyarían si lo abandonaba.

Pero ella no podía dejarlo. Ni siquiera sentía que hubiera abuso de por medio en la relación, aunque su marido le sacaba el dinero que a veces ella guardaba en la casa. Ella lo sabía y, sin embargo, seguía dejándolo en el mismo lugar.

Cuando yo confrontaba sus quejas, ella me decía: *en el matrimonio, con uno de los dos que sea bueno basta para salvar al otro.* En el fondo no sentía que valía su vida sino pasaba rescatando a alguien que ni lo pedía ni lo reconocía ni lo agradecía.

Pero para ella su vida, sin ayudar, no tenía sentido.

¿Es eso ayuda? ¿Para quién? ¿Quién resulta beneficiado cuando paso mi vida salvando, rescatando a otro?

Ayudar o rescatar a otro nos proporciona una sensación de alivio porque nos distrae de nuestra propia vida y nos permite enfocar los conflictos de los demás.

Entre más grandes sean los conflictos de los otros, más profunda y justificadamente podemos posponer nuestra propia responsabilidad.

Esto se relaciona con la comida de dos maneras:

Al enfocar a otro y sus conflictos y ayudarlo, dejo de ver mi propia vida y además tengo el pretexto o permiso de aliviar mi cansancio o compensar todo lo que hago por otros comiéndome ese pastel tan delicioso, porque realmente lo merezco.

La comida entonces no es lo que mi cuerpo me pide para nutrirse, sino lo que mi carencia emocional me pide para aliviarme del exceso de carga.

Es cierto que la comida se transforma en energía, pero cuando consumo cuatro mil calorías en un pastel de chocolate, aun sin hambre, lo que sucede en mi organismo es una acumulación excesiva que me engorda y, al mismo tiempo, me deprime.

Entonces puedo quejarme de mi falta de voluntad y como mi autoestima está muy baja, sigo en el círculo vicioso de creer que si no ayudo a otros, no valgo para nada.

3. Buscar otra oportunidad de enmendarlo "con la fuerza del amor".

Decía en el capítulo anterior que la función de una creencia es preservarse. Esto se debe a que de niños necesitamos sentir seguridad para nuestra supervivencia física y emocional.

Si no sé lo que va a pasar con mi papá o mi mamá tampoco sé qué ocurrirá conmigo. Entonces, con esa omnipotencia que tiene un niño de creer que lo que piensa sucede, empezamos a fantasear que somos nosotros los responsables de lo que pasa y, por tanto, de lo que acontecerá.

Si yo hice esto o aquello y mi papá otra vez llegó borracho, tal vez no lo hice perfecto. La próxima vez, me digo, *lo haré mejor. Le hablaré más bonito, seré más buena niña, no me pelearé con mis hermanos, y mi amor lo cambiará.*

Recuerdo que de niña le escribíamos cartas a mi papá pidiéndole que dejara de tomar. Él las leía y seguramente se sentía mal y nos prometía que no lo haría más.

Como era imposible, dado que mi papá no tenía en sus manos su enfermedad, entonces creía que algo en mí andaba mal: *Me peleo demasiado con mis hermanos. Les grito mucho. Me como las uñas, eso a mi papá no le gusta. Eso debe ser.*

Un día, entre mis múltiples intentos por dejar de comerme las uñas, mi papá me vio las manos. *Qué feas manos tienes*, me dijo. Yo le contesté que ya no me estaba comiendo las uñas (tenía un día de no hacerlo, que para mí era un logro importante). *¿Y crees que un día sirve de algo?*

Pasó mucho tiempo antes de que dejara de creer que no era ésa la razón por la que mi papá volvía a beber.

Lo extraño era que, a pesar de que yo quería que no bebiera, no podía dejar de comerme las uñas, como si algo en mi interior me dijera que ni lo intentara, porque sería terrible para mí comprobar que mis uñas crecían y mi papá seguía bebiendo.

Era más fácil seguir echándome la culpa y decir *el día que yo.... entonces...*, es decir, continuar pensando que de mí dependerá el futuro, que cuando yo haga ciertas cosas, automáticamente sucederán otras. Esto es exactamente lo que traduje cuando se disparó mi compulsión por la comida: *El día que yo... entonces...*

4. Necesidad de ser necesitadas.

Es mejor decir *te necesito porque te quiero,* a decir *te quiero porque te necesito.* Esto me lo decía alguien hace tiempo y tardé en entender el sentido profundo de las palabras.

Como hija de un alcohólico prefería que alguien me dijera *te necesito* en vez de *te quiero*. Sabía que si alguien me necesitaba yo tenía el control. Porque estaba tan entrenada para hacerme necesaria que tenía muchos recursos para seguir siéndolo; en cambio, si alguien me quería, podía dejar de quererme al día siguiente, como sucedía con mi papá que un día me trataba bien y al siguiente me gritaba.

Ayer me quería y hoy no, pensaba.

Esto sí estaba fuera de mi control.

Es fácil hacernos necesarias.

Comenzamos a solucionarle al otro lo que de hecho puede hacer, pero se siente halagado y atendido.

Tiempo después considera un hecho (a veces una obligación) que nosotras lo hagamos, y luego ya duda si podrá hacerlo tan bien como nosotras.

Es el momento perfecto para sentir la seguridad de que allí nos quedaremos.

Compramos el amor.

Hay una canción de Sergio Esquivel que dice... *mi niña, no pide cariño, lo roba a pedazos...*

Así le haces tú, me decía mi mamá.

Tenía razón.

Yo sabía robar el amor.

O eso creía.

Cuando el otro despertaba, ya no podía vivir sin mí.

No te vayas, te necesito.

Tardé muchos años y experiencias dolorosas para comprender que eso no era amor, sino pura dependencia, miedo.

5. Voluntad de sufrir.

Lola, la empleada doméstica de mi abuelita, le sacaba brillo a los pisos de rodillas con una jerga desde las cinco de la mañana.

Y mientras lo hacía decía jaculatorias.

Si le comentábamos que espaciara el trabajo, que no importaba que los pisos no brillaran, ella se sentía ofendida, porque era como si no valoráramos su trabajo.

Por otro lado, le dolía todo. Cada día le resultaba una diferente enfermedad.

Una compañera de la primaria, Cecilia, perdió a su mamá cuando tenía 10 años; poco después le sucedió otra desgracia, su papá se quedó sin empleo y ella tuvo que dejar la escuela. La mandaron a una extensión de la mía para niñas de bajos recursos. Cuando le pregunté a mi titular, una monja de unos 40 años, *¿por qué le han pasado tantas cosas a Ceci? Es que Dios la ama mucho,* me contestó.

Yo prefiero que no me ame, pensé.

Una de las creencias que nos dan de niñas, junto con el cereal, es que sufrir en esta vida nos asegura la felicidad eterna.

Que Dios nos quiere ver sufrir es un pensamiento que fácilmente entra en nuestra cabeza cuando las figuras importantes de amor y autoridad pueden vernos o hacernos sufrir y aparentemente no les importa.

La idea de Dios, cuando niños, se basa en estas figuras. Pensamos: si mi papá, que me conoce y está cerca de mí, no me cuida, no me acaricia y no le importo, ¿qué será de un Dios lejano, que poco me ve y cuando lo hace es para juzgarme y castigarme?

6. Fuerte deseo de cambiar.

Por la misma razón del párrafo anterior, existe dentro de nosotras un pensamiento (a veces constante) extraño, con algo malo, oscuro, que necesitamos cambiar. Decíamos antes que de niñas creemos que de nosotras depende que las cosas ocurran, y al no suceder esto, pensamos que es porque en nuestro ser algo no funciona.

John Bradshaw le llama vergüenza tóxica.

Recuerdo una de las sesiones de terapia cuando tenía 19 años; le decía al psiquiatra: *Algo muy malo hay en mí, sólo que no logro descubrir qué es.*

Tardé muchos años en darme cuenta de que quien hablaba era esa niña que necesitaba creer que cambiando algo dentro, las cosas cambiarían también.

Tenía una gran obsesión por bolear mis zapatos en las noches. Creía que si amanecía y estaban limpios, mi papá ese día no nos gritaría. Como lo hacía casi a diario, pensaba que no había boleado los zapatos perfectamente.

Esa noche lo volvía a intentar.

Esto puede sucedernos en muchas áreas: querer cambiar nosotros y querer cambiar a los demás, cambiando nosotros.

7. Miedo a la intimidad.

Éste es tal vez el mayor miedo al que nos enfrentamos en una familia disfuncional. El miedo a la intimidad.

¿Qué es la intimidad?

Es la posibilidad de mostrarnos

como somos ante otra persona.

En un renglón resumo lo que en el fondo tal vez todos los seres humanos deseamos:

Ser amados por quiénes somos y por lo que somos.

Para ello nos enfrentamos primero con el reto de saber quiénes somos, ya que si no lo sabemos nosotros, no podremos mostrarnos ante nadie. Decía Shakespeare: *Sed honestos con vosotros mismos, y a esto seguirá, como la noche al día, que no podréis ser deshonestos con los demás.*

¿Cómo puedo lograr mi propia intimidad?

La intimidad tiene que ver con la verdad.

No puedo mirar lo que hay dentro de mí si no me quito los lentes de lo que quisiera ver en mí, es decir, de la fantasía o del deber ser.

Si sucede cualquier cosa y me siento enojada, por ejemplo, la verdad dentro de mí diría *estoy enojada. No me gustó lo que escuché, o lo que dije,* etcétera.

Pero, entonces, viene la voz del juicio que me dice: *No deberías sentirte así, la persona que te lo dijo es buena, y además lo mencionó por tu bien, te quiere mucho, tal vez está cansada.*

Y así puedo seguir hasta que mi enojo se va aplastando y me voy sintiendo confundida o culpable por haberme sentido enojada.

Aquí no hubo intimidad. No hubo verdad. Sólo juicio.

Poco a poco, mi cuerpo se confunde con las sensaciones, y al pasar los años, cuando llega el enojo, puede disfrazarlo de tristeza, risa, indiferencia o cualquier otro sentimiento más aceptable.

8. Negación.

¿Qué es la negación?

Es la capacidad que tenemos todos en algún momento de no ver lo que en realidad está sucediendo.

¿Y para qué sirve la negación?

Su propósito principal es protegernos de un dolor excesivo a un mismo tiempo.

El inconsciente, que puede medir muchas cosas a la vez, hace un análisis de nuestra ecología, es decir, del ambiente que nos rodea (interno y externo) y permite o no pasar la información que no está preparado para recibir.

Quisiera platicarles un ejemplo que me sucedió hace algunos años:

Un tío vivía en las afueras de la ciudad y al irse de viaje me pidió que unos días después pasara a regar sus plantas.

Yo llegué como a las cinco de la tarde y me extrañó ver que uno de los vidrios estaba roto (brutalmente roto; de hecho, parecía una pedrada o algo así), *qué raro*, pensé, *que mi tío, siendo tan ordenado, se haya ido dejando un vidrio así.*

Luego subí a la recámara y encontré todo tirado: los cajones aventados, la ropa y los zapatos en el suelo; todavía seguí pensando, *supongo que tenían mucha prisa y no pudieron ordenar.*

Regué tranquilamente las plantas y al salir de la casa y entrar a mi coche, después de haber puesto el seguro, caí en la cuenta de que los habían robado.

Entonces me empezaron a temblar las piernas y los brazos de tal manera que no podía siquiera arrancar el auto.

En el camino de regreso a mi casa se me ocurrieron muchas preguntas: *¿y si los ladrones hubieran estado allí metidos mientras yo llegué?, ¿y si me vieron?, ¿me estarán siguiendo?*

Aunque nunca había presenciado un robo, he visto suficientes películas o leído en libros la forma en que un ladrón entra a una casa.

¿Qué me impidió darme cuenta de lo que estaba frente a mis ojos? Estaba sola, no tenía manera de defenderme porque no conocía bien la casa, sus entradas, la manera de esconderme en algún lugar, no tenía arma a la mano, la casa no tenía teléfono (no existían los celulares).

Mi inconsciente buscó la ruta más segura para sacarme.

Aunque aparentemente existieran otras maneras, en ese momento necesitaba calma y claridad para actuar; y en los siguientes cinco minutos, el mismo inconsciente mandó la señal, cuando ya estaba preparada para salir del acontecimiento.

Esto, que parece absurdo al ser tan obvio, puede sucedernos en diferentes situaciones de nuestra vida.

La adicción a la comida

necesita una gran dosis de negación.

De hecho, podríamos decir que a mayor cantidad de grasa, más mentira existe en nuestra vida, más cosas hay que no podemos ver, y que conforme el inconsciente va manejando, la cantidad de comida extra que ingerimos automáticamente va disminuyendo.

Después de practicar unas semanas los pasos del programa, las personas llegan a las sesiones asombradas por la forma en que hablan con su pareja, con sus hijos o cómo las tratan sus padres.

¿Cómo puede gritarme así? ¿Pero no se da cuenta de que me está faltando al respeto?

Luego caen en la cuenta de que ese trato es el mismo que han recibido en años. De hecho, no han recibido otro. Y era el exceso de grasa, azúcar y harina lo que las mantenía negando una realidad que para todos podía ser evidente.

Esto es lo que pasa si empezamos una dieta sin saber lo que puede traer. Al disminuir azúcar, harina y grasa en el organismo, la cantidad de endorfinas (sustancias analgésicas del cerebro, de las que hablaremos más tarde) baja, se produce menos serotonina y se genera una sensación de ansiedad que busca alivio. Aunque no tuviéramos ningún problema familiar o emocional, este cambio en la química del organismo nos empujaría a comer.

(El cuerpo, además, buscará asimilar con mayor rapidez y eficiencia lo que le dé en ese momento, porque no sabe si esto se volverá a repetir.)

Con mayor razón si en mi casa hay conflictos que no puedo solucionar o no estoy preparada para enfrentar.

Lo más rápido, automático y barato será abrir el refrigerador y comer lo que sea para olvidar, o cuando menos, posponer lo que sucede.

9. Control.

En una familia disfuncional existen generalmente dos estados emocionales: el caos y el abandono. La paz en realidad no existe, se logra cuando mucho una guerra fría. Como los codependientes por lo general bailamos al son que toca el adicto, no sabemos en qué momento pasaremos de la angustia al enojo, a la preocupación o a la venganza.

Buscamos entonces formas de controlar la situación.

De asegurarnos que después del uno sigue el dos y lo que hicimos ayer puede funcionar mañana.

Esto es difícil, ya que el adicto normalmente no reacciona con respecto a nosotras, sino a su propia necesidad de la sustancia o actividad, lo cual nos frustra y confunde, ¿no que podíamos controlar la situación?

¿No parecía que haciendo las cosas mejor, más rápido, más cariñosamente, etc., lograríamos el resultado esperado?

Y allí, una vez más, la comida viene a hacer su trabajo.

Empezamos a sentir una conocida hambre, que empieza por ser antojo y acaba en un grito interno que nos ordena parar esta ansiedad:

Come lo que sea,

pero acaba con esta sensación.

Entonces el enojo y la decepción se vuelven contra nosotras. *No valgo nada, nunca podré adelgazar, no sirvo para nada. Cuando logre hacer esa dieta, bajar esos kilos, caber en mis pantalones morados, etc., todo funcionará.*

¿Cuántas veces hemos repetido esto?

Entonces..., sólo así, mi marido será más cariñoso, no tendrá una amante, mis hijos agradecerán todo lo que he hecho por ellos, mis amigos o mis padres valorarán quién soy realmente, algún día, controlando, me valorarán por quién soy sin tener que hacer, hacer y hacer para ser amada.

Entonces... Control.

Ese aparente y mágico control que tengo cuando reduzco mis problemas a una talla.

Y en mi vida, ¿qué está realmente bajo mi control? No estuvo en mis manos la familia en la que nací, el país, la ciudad, la época, el sexo, el número que ocupo en la familia, las aficiones y creencias que aprendo.

Es con todas estas circunstancias que tomo mis decisiones y camino por la vida aprendiendo de todo esto.

¿Qué está bajo control? ¿Por cuánto tiempo?

Hace unos días pasé un fin de semana en la Sierra Gorda, con la intención de despejar un poco mi cabeza para seguir escribiendo.

La noche anterior a mi partida hablé con mi mamá.

Me sentía nerviosa y angustiada, pero no sabía muy claramente por qué.

Cuando contestó el teléfono me di cuenta de que necesitaba decirle que escribir me estaba costando trabajo. Que recordar escenas de mi infancia y mi adolescencia, muchas olvidadas, me estaban removiendo las entrañas. Amorosamente me consoló y me dijo que estaba haciendo un trabajo valiente y valioso.

Así partí al campo y allí surgieron más ideas y recuerdos.

Uno de ellos, que de hecho emergió con una sensación, fue el mareo que sentí en el camino. Recordé que de niña me mareaba mucho en carretera. Mi mamá normalmente me daba *Dramamine* para dormir, sin embargo, recuerdo muchos viajes mareada.

Con mi costumbre de no decir lo que me pasaba y, sobre todo, si mi papá iba manejando, a veces me aguantaba, y las pocas que lograba pedir algo, su furia me hacía sentir absurda y culpable.

Un día íbamos rumbo a Tequesquitengo, llovía y llevábamos las ventanas cerradas. Mi papá iba fumando mucho, y yo me empecé a marear y a sentir dolor de cabeza. Padecía de dolores muy severos, pero debí haber pensado mucho tiempo antes de pedirle a mi papá que apagara su cigarro. Me atreví a hacerlo y pagué las consecuencias.

Lo apagó furioso y todo el fin de semana se burló de mí y me hizo sentir culpable lo más que pudo. Yo, por supuesto, me lo creí. Creí que tenía la culpa por sentirme mal, por no ser más fuerte, por no poderme controlar y quitarme el dolor de cabeza sin molestar a otros.

Fue muy ilustrativo cómo, al marearme en ese viaje a la Sierra, 30 años después, me pasó lo mismo: me costó trabajo pedir, y el fin de semana me sorprendió sintiéndome culpable por pedir o darme lo que necesitaba. Como si en vez de hacer contacto con el enojo hacia mi papá, por desatenderme, hubiera tomado el otro camino: agradar para disminuir la culpa.

Esto nos pasa mucho si hemos crecido en una familia así: *el enojo se vuelve culpa*, y creemos que controlaremos la situación siendo más buenas.

Hacemos incapaces a los demás y nos sentimos las únicas que podemos hacer lo que se necesita para salir adelante.

Ignoramos al cuerpo, que nos está diciendo *algo pasa, detente.*

Creemos que salir corriendo hacia afuera nos quitará este malestar general. Buscamos hacer responsables a los otros que no tienen que ver con nuestra historia, en vez de hacernos responsables de nuestra propia vida.

La comida sólo cubre los problemas de relación con los demás. Éstos casi siempre tienen que ver con la codependencia, es decir, con la imposibilidad para atender nuestro bienestar y dejar a los otros vivir su propia vida, respetuosa y libremente.

No sabemos pedir, robamos.
No sabemos dar, cobramos.
No sabemos disfrutar, tememos perder.
No sabemos fluir, acumulamos.
No sabemos negociar, exigimos.
El amor, en realidad, es miedo.
El otro se va, la comida no.

10. Los secretos familiares.

Existe dentro de la familia una especie de código de honor donde se guardan los secretos.

Cada familia tiene los suyos y a veces se puede dar la vida por ellos.

Cuando las reglas son rígidas y no se acostumbra decir la verdad, los secretos se guardan con llave por dentro, es decir, cada miembro los encierra en un lugar especial y, al no poder compartirlos, genera mecanismos para que no salgan a merodear por los pasillos y las habitaciones de los hermanos y los papás.

Los secretos pueden manejar nuestra conducta por años.

Sucede que, a fuerza de guardarlos, se van olvidando; no por ello influyen menos, al contrario, hacemos cosas, a veces irracionales y no sabemos por qué, pero que nos alivian de algo lejano en nuestro corazón.

En el taller hacemos un ejercicio muy liberador [7] que consiste en escribir en una cuartilla algo de nuestra vida que no hayamos podido compartir con nadie.

Puede ser tan presente o pasado como cada quien quiera.

Yo he visto que mientras más profundo y doloroso es lo que se comparte, mayor liberación obtiene la persona.

Ya que escribimos la historia, la leemos en un círculo. Las demás sólo escuchan y al terminar, quien así lo quiere, escribe en un papelito una pregunta que pudiera ayudarle a quien leyó.

Las preguntas no se contestan, sólo son una guía para adentrarnos en ese cuarto oscuro que puede llevar años sin ventilar.

Normalmente, cuando hacemos esto, es decir, cuando le damos permiso a esa niña o adolescente de decir lo prohibido, sentimos que algo en nuestro interior sana, porque descubrimos que no somos las únicas a las que les ocurrió algo parecido, recibimos un abrazo espiritual de las demás, nos sentimos valientes y libres.

Pero puede ocurrir también que nuestra niña interna se asuste por haber hablado. Que sienta que al romper el silencio merece el castigo de alguno de los padres.

Tenemos tanto tiempo conteniendo el dolor que sentimos que los pilares familiares se rompen. Es muy importante escuchar esa voz. Porque si la voz nos dice *merezco castigo*, buscaremos todas las maneras de dárnoslo.

Cada uno de los temas analizados en este capítulo puede requerir ayuda profesional, o un grupo de apoyo.

Ejercicios:

1. ¿Con cuáles de estos puntos te identificas y cómo?
2. ¿Cuál de ellos ha representado mayor problema para ti en la vida?
3. ¿Qué personas significativas para ti han sido cuidadas o rescatadas por ti? ¿Qué beneficios has obtenido de ello?
4. ¿Hay algún secreto que te lastime y necesites compartir? Hazlo con alguna amiga de confianza o busca ayuda profesional para sanar esa herida.

Capítulo 5

¿Y para qué ha servido entonces la comida en mi vida?

Cuando las personas llegan a mis talleres normalmente hacen esta pregunta.

¿Cómo puedes decirme que la comida y el sobrepeso me han servido de algo?

Todo lo que les ha dado la comida es grasa. Es sabrosa, a veces deliciosa, pero se ha convertido en su peor enemiga.

He aprendido con los años en la terapia que no hay conducta inútil.

Todo, a pesar de lo pesado que pueda resultar para nosotras o para los demás, tiene una intención positiva, que puede ser ya obsoleta o poco funcional, pero mientras nuestro inconsciente no encuentre una mejor opción seguirá repitiendo el camino.

¿Sabemos realmente qué dolores guardamos bajo el exceso de grasa?

Muchas veces no.

Las mujeres llegan conmigo porque quieren adelgazar. Cuando les pregunto para qué quieren adelgazar las razones son las siguientes:

- Para gustarle más a los hombres (o a mi marido, si son casadas).

- Para ponerme esta u otra ropa de moda.
- Para gustarme más.
- Para sentirme con más ganas de estar con mis hijos.
- Para gozar las vacaciones.
- Para tener mejor presencia y ganar más dinero.
- Para sentirme segura y poder dejar la casa de mis papás.
- Para tener más interés en la vida.

De éstas y otras razones, al ir avanzando con el programa, van descubriendo que la mayoría no tiene que ver con la comida ni con la delgadez.

Es cierto que nos gustamos más y nos sentimos más seguras, pero tiene que ver más con la presión social y cultural, que ubica la belleza del cuerpo de la mujer muy por debajo de su peso natural, con la aceptación y agradecimiento que podemos sentir por nuestro cuerpo y la forma en que funciona para nosotras:

Las piernas no son las que nos sostienen y transportan, las que nos unen a la tierra, *son gordas o flacas, torneadas o chuecas;* nuestros brazos no nos permiten tocar a otros o alcanzar lo que necesitamos o alzarse para dar gracias al cielo por un día más, sino *son flácidos o tenemos celulitis, no se nos ven bien las blusas sin mangas.* Y así vamos juzgando, según *Playboy,* el cuerpo que tenemos para sentir, crecer y florecer en la vida.

Y cuando la comida deja de ser el centro de nuestra atención y realmente estamos adelgazando, nos damos cuenta de que seguimos necesitando lo mismo que antes: si necesitábamos ser abrazadas, queremos ese abrazo, si éramos vulnerables ante el rechazo, la violencia, el abandono, nuestro corazón sigue sintiendo el dolor, tal vez más, la grasa más bien nos protegía de todo aquello y, sobre todo, mientras estábamos gordas teníamos la esperanza de que al adelgazar todo terminaría, y junto con la grasa, se van yendo esos sueños, por eso:

Muchas veces regresamos a la grasa,

para evitar la decepción de lo real.

Un ejercicio que hacemos en el taller es pintar por parejas en papel estrasa nuestra silueta. Después la colgamos en la pared y nos observamos.

Normalmente escucho comentarios de rechazo hacia ciertas partes: *qué muslos tengo, ¿ya me viste las caderas?* (Yo sonrío calladamente porque sé que unos minutos después, tal vez estarán agradeciendo a sus muslos y sus caderas lo que hicieron por ellas.)

Después de observar a su cuerpo les pido que ubiquen dónde está el vacío en sus vidas que la comida ha llenado. El vacío lo ubican casi siempre en el corazón, la cabeza, el vientre o en los genitales.

Luego les pido que observen otra vez cómo la comida ha llenado este vacío. Y que busquen dónde se ha acumulado. Vuelven a mirar sus muslos y sus caderas. Ahora ven en ellos el depositante de lo que las ha ayudado a sobrevivir física o emocionalmente.

Pueden recordar los golpes de los padres, el abandono, el desprecio, el rechazo, la inseguridad, y cómo la comida fue la muda y suave compañera que se hizo su confidente, cuando no había nadie con quién llorar iban a sus cuartos con galletas en las bolsas y un vaso de leche, y mientras comían sentían un alivio que nadie más podía darles.

Es cierto: nos engorda el cuerpo.

Pero para cuando esto sucede, ya nuestra alma ha encontrado en la comida una amiga. Si la sociedad no presionara a la mujer de la forma en que lo hace para estar delgada, este problema se reduciría en un gran porcentaje.

Habría muchas personas que comerían excesivamente y tendrían tal vez problemas de salud, pero la presión cultural genera, acelera y multiplica el conflicto con enormidad.

La mujer, en esta sociedad,

vale lo que mide su cuerpo.

La comida, por otro lado, está asociada a lo más íntimo y primario que tuvimos: el amor que nos hizo sobrevivir. Nuestra madre nos alimentó y nos permitió sobrevivir mientras nos sostenía en los brazos, con su pecho o con un biberón. De bebés relacionamos el pecho materno con todo lo bueno: la atención, la protección, la seguridad, el amor. Según Judi Hollis:

Comer es el acto más íntimo que existe.

Transformamos una sustancia en nuestro propio cuerpo. Así lo que entra en nuestro cuerpo se convierte en sangre, huesos, cabello, músculos. Es más íntimo aun que la relación sexual.

Por tanto, cuando es el amor y la protección lo que nos falta, nos acercamos a lo que más se parece a ellos. Además tenemos la ventaja de que, mientras las personas no están al alcance, la comida viene a nosotros cuando así lo decidimos, no habla, no reclama, si se acaba hay más, la comida acompaña.

Recuerdo cuántas veces me acompañé con *Pingüinos Marinela* en el coche antes de llegar a mi casa.

Cuántos planes, sueños, llanto, comiéndome el chocolate que tienen arriba y añorando la crema que tienen dentro. Nadie me decía que sí, más silenciosamente que los *Pingüinos*. Éstos nunca me decían que yo no podría llevar a cabo cierto plan, que mi novio no me trataría bien jamás.

La comida siempre dice que sí.

Era una gran compañera.

De las drogas, la más sabrosa, barata y bien vista (excepto porque engorda) es la comida. Todo mundo nos halaga con el mejor platillo que conoce y si despreciamos la comida de alguien, parece que el desprecio es directo al corazón. Está tan llena de significados rituales, amorosos, tradicionales, íntimos, que es difícil quitar estos atributos, aun en un atracón.

Sumemos también todas las creencias que hay alrededor de ella:

- *Si no comes lo suficiente te vas a enfermar. Los niños gorditos son más sanos.*
- *A los niños que no comen se los lleva el coco.*
- *Cómetelo por mí o por papá, o por tu abuelito que está en el cielo.*
- *Fíjate cuántos niños se mueren de hambre y tú desperdiciando la comida.*
- *Más vale que te haga daño y no que se desperdicie.*

Muchas veces, estas voces perduran aun al morir quien nos lo decía. Parece que si tiro la comida la voz de mi abuelita o de mi nana están tan vigentes como el primer día.

Piensa por un momento qué pasaría con tu vida si la comida no fuera el tema central.

Esto significa que la comida ya no sería un problema, que podrías comer lo que quisieras y que no se reflejaría directamente en tu peso.

Si se acaba el problema de la comida,

¿de qué problemas tendrías que ocuparte?

Sé, por experiencia, que al principio parece que no existe ningún otro.

Cuando llegué a terapia, por primera vez, a los 17 años, mi único problema era el peso.

Yo le repetía al psiquiatra: *no tengo ningún problema más que mi gordura.*

Y en realidad lo creía.

Éste se había vuelto tan grande, obsesivo y profundo, que no me permitía ver absolutamente nada. La fantasía era que la vida cambiaría por completo si yo adelgazaba.

Esta fantasía, en realidad, era necesaria en un tiempo en que todo en mi vida era caos.

Decía en capítulos anteriores que la negación nos ayuda a no ver un dolor avasallante. Cuando nuestro inconsciente sabe que no es conveniente hacer el puente hacia el consciente de cierta información, la borra, o la mantiene oculta hasta que puede ser digerida.

Por eso, al hacer una dieta, el adelgazamiento sobrepasa el ritmo en que puedo tolerar la realidad de mi vida, y es necesario que regrese a lo de antes. Solamente cuando tengo las herramientas para manejar mi vida, la comida va perdiendo la fuerza; mientras, es un filtro perfecto para verla.

Si una paciente me dice *mi marido me golpea*, yo sé que no está preparada todavía para defenderse; si pudiera ya lo habría hecho, no necesitaría venir a terapia por un apoyo externo: le habría contestado el golpe, se habría ido, etcétera.

También sé que si le digo: *¡defiéndete!*, genero en ella una doble reacción: impotencia por no poder hacerlo, y culpa por las tantas veces que ella se ha dicho lo mismo.

Sé que la defensa tiene que ser interna, que los recursos surgirán de su corazón y su mente cuando la parte frágil, que permite los golpes, diga: ***no más.*** Pero esto sucede cuando dentro de nosotros hay una solidaridad en las partes, es decir, cuando mi voz interna no me dice *te lo mereces*, o *nunca podrás con esto*.

Se genera una especie de *Tres Mosqueteros* en nuestro interior: *Una para todas y todas para una*. Nuestras partes empiezan a vivir en armonía, a cuidarse, defenderse, responsabilizarse. Es entonces cuando, al siguiente golpe, una voz del interior nos dice: **basta**.

Los recursos están allí.
Lo mismo sucede con la comida.
Nos protege mientras los recursos llegan.

Y hay mucho qué agradecerle a ella. Cuando mi cuerpo recupera su sabiduría y me pide sólo lo que necesita, entonces quiero zanahorias en vez de chocolate; también me pide paz en vez de guerra, dignidad en vez de humillación, respeto en vez de abuso.

Porque mi voz se alza para decir mi verdad y pararme firmemente en donde lo decido. Entonces la comida, como droga, da un paso hacia atrás y dice *ya no soy necesaria aquí*.

No lo dice antes.

Ejercicios:

1. Haz una lista de lo que la comida ha hecho por ti a lo largo de tu vida. Revisa de qué te ha salvado. Qué te ha permitido posponer. Pregúntate cuáles serían tus problemas si la comida no fuera tu tema.
2. Una vez hecha la lista de los problemas que tendrías que resolver, revisa con qué recursos cuentas para resolverlos. Fíjate si la comida ha sido una muleta inútil o te está salvando de caer de alguna forma.

Capítulo 6

La presión social. El problema visto con telescopio

Las adicciones (y los trastornos alimenticios entran en este concepto) no pueden estudiarse aisladas de la sociedad que las genera y las impulsa.

Antes de empezar este capítulo me senté frente a la computadora y al voltear a la derecha, desde la ventana, vi pasar miles de mariposas Monarca, que cada mes de noviembre cruzan frente a mi casa.

Noto que siguen una dirección precisa y que no se salen de la ruta, y también que casi no mueven sus alas, excepto para tomar de nuevo su camino junto con las otras. Pasan los años e inequívocamente cruzan por el mismo sitio.

Alguien me decía un día que no se pierden porque van sobre ríos de viento que las sostienen. Y aunque no sé si así sea, mientras sigo mirando cómo pasan, me pregunto qué río de viento nos sostiene a los seres humanos en este principio de milenio.

¿Existe aire que nos sostenga?

La adicción, como muchos otros males de nuestro tiempo, forma una nube que cubre a toda la sociedad.

Nadie tiene los pulmones a salvo.

Ilusamente escucho, a veces, *en mi familia no hay adictos, qué alivio,* cuando no se dan cuenta de que en el problema de la droga, la evasión y la anestesia, nadie está realmente fuera.

¿Qué río de viento nos sostiene?

Los anuncios de radio, televisión, espectaculares, nos venden la realidad de los valores rápidos, gratuitos y desechables. Somos seres esencialmente dependientes y vamos creando independencia e interdependencia a través de los años en una plataforma de amor y seguridad que nos permite, en el mejor de los casos, buscar la libertad y la responsabilidad.

Esto se ha hecho ya algo ideal e irreal, alcanzable por muy pocos.

Porque el amor, la libertad y la responsabilidad son valores que se aprenden y se ganan.

Pero buscamos lo inalcanzable, lo insaciable, como el perro que se persigue la cola. Y los pasos para obtenerlo deben ser cada vez más fáciles y accesibles: aparatos, electrónicos y digitales, que funcionen sin que me entere de ningún proceso. Sólo *ON*, *SEND* y *OFF*, son las palabras que necesito aprender para llegar a la satisfacción.

El proceso no es importante ni necesario para nadie en la búsqueda de satisfacer mis necesidades.

La droga sirve para anestesiar el dolor.

El ser humano, por naturaleza, tiende a la búsqueda del placer y crecimiento, y a evitar el dolor, así afirma la vida, pero si se vive con responsabilidad se encuentra el dolor, porque quien más ama, también más sufre, pero aprende a través de él, por eso dolerse es también apasionarse por vivir. Es muy diferente estar vivo, arriesgándose a la muerte, que negarse a vivir, evadiendo el dolor con una droga.

El contacto, la intimidad, el abrazo, son formas que el ser humano tiene para contener, amortiguar y acompañar el dolor propio y del otro. Pero, como lo mencionaba en los capítulos anteriores, la intimidad y la adicción no se llevan porque la intimidad tiene como ingrediente básico la verdad y sus implicaciones, y la adicción promueve la evasión y la mentira.

Vivimos en una cultura tóxica que nos vende una falsa intimidad, rápida, efectiva y desechable, que no nos compromete ni responsabiliza.

Fisiología y conducta

La droga provoca una sensación de alivio y bienestar que debería ser buscada y provocada por la cercanía de otro ser humano, como complemento y abrazo.

Revisemos un poco la forma como el cuerpo funciona.

El doctor Otoniel Nava, en una investigación acerca de las endorfinas,[8] dice:

> *Las endorfinas son cadenas de aminoácidos que actúan como neurotransmisores. Éstas parecen reducir el dolor al inhibir las neuronas que transmiten los impulsos dolorosos en el cerebro. Se observó que la endorfina es 48 veces más potente que la morfina inyectada en el cerebro y tres veces más potente al inyectarse en el torrente sanguíneo.*

Endorfinas y sociedad

El chocolate, los azúcares y las harinas (así como el alcohol y otras drogas) se metabolizan en el cuerpo y producen cierta cantidad de endorfinas.

Éstas generan reducción del dolor, inhiben el displacer, la ansiedad, angustia, miedo, enojo y otros sentimientos que, naturalmente, deberían movernos hacia un estado de crecimiento como seres y como sociedad.

Se ha estudiado que los abrazos, la risa, los orgasmos, las lágrimas, estimulan la creación de endorfinas. Pero es mucho más fácil comprar un *Gansito* que pedir un abrazo. Es mucho más fácil anestesiarme a solas y esconderme de mí misma que confrontar mi verdad y pedir apoyo, compañía y ayuda.

Para acabar con la droga se necesitan lazos. Lazos que unan, que sostengan, que abracen. Lazos de amor, respeto, profundidad y conciencia. Para ayudar a un adicto se necesitan los psiquiatras, los psicólogos, los psicoterapeutas, pero tal vez con mayor urgencia, los amigos, los filósofos y los poetas.

Para acabar con la droga se necesitan ritos.

Que den a la comunidad un sentido de trascendencia y permanencia, que nos enseñen lo que hacemos tomados de la mano, con los ojos cerrados, con los corazones levantados, vale la pena, tiene un sentido.

Una frase del *Talmud* reza:

Si yo no soy para mí, ¿quién lo será?
Y si no soy para otros, ¿quién soy yo?
Y si no es ahora, ¿cuándo?

Ejercicios:

1. ¿Cómo atiendes tus propias necesidades? ¿Hay otros involucrados en ello?
2. ¿Sientes que mereces cuidarte, lo crees posible?
3. En una escala del cero al 10, qué número le das a la influencia que la sociedad tiene sobre ti. ¿Cómo lo sabes?
4. ¿Qué te gustaría hacer para vivir tus propias convicciones, independientemente de las que se te imponen?
5. ¿Hay diferencias entre tus necesidades y convicciones y las que predominan en la sociedad que te rodea?

Capítulo 7

Comida y sexo. ¿Cuántos kilos necesito para esconderme?

Vivimos en una sociedad adictiva que nos empuja al consumo y a la frustración. Se ha encargado de arrancarnos el sentido de nuestra vida para poner en su lugar una falsa libertad: la libertad del consumidor.

Sin embargo... *la libertad es también la verdad que brota del corazón profundamente involucrada con el mundo emocional y con el contacto corporal.*[9]

Al exponer los pasos del programa, decía que al quitar los alimentos prohibidos y hacer conciencia de lo que realmente nutre a nuestro cuerpo, éste recupera paulatinamente su sabiduría y vuelve a tener contacto con lo que necesita; de ese modo, además de sus procesos fisiológicos, responde al contacto con sus emociones.

Cuando podemos atender nuestras emociones estamos más cerca de la intensidad y la vitalidad, respondemos, por tanto, de manera más crítica y radical a lo que la sociedad propone y a la forma como nos encajona.

Decidir realmente qué comemos requiere, en esta sociedad, un verdadero esfuerzo y análisis de lo que se nos ofrece a manos llenas con maestría mercadotécnica.

Vivimos en el siglo del exceso y la escasez, de la indulgencia y la restricción al mismo tiempo.

Revisemos algunos datos.

La industria del exceso:

Dice Ronna Kabatznick en su libro *El zen de la alimentación*,[10] que en Estados Unidos se gastan anualmente:

$3,000 millones de dólares en helado.
$10,000 millones en chocolate.
$26,000 millones en máquinas de refrescos y chatarra.
$86,000 millones en comida rápida (*fast food*).

Ahora la industria de la restricción:

$3,500 millones en refrescos dietéticos.
$8,800 millones en comida de bajas calorías y libre de grasa.
$11,000 millones en comida saludable (*health food*).
$33,000 millones en programas para bajar de peso, libros y casetes.

El exceso de opciones confunde la capacidad de decisión y difumina la búsqueda de las decisiones profundas y trascendentes.

¿Qué tiene que ver esto con la sexualidad?

No podemos hablar de la sociedad y del sistema en el que vivimos sin llegar ineludiblemente a ésta y el papel que posee en todos los demás ámbitos de la vida. En el tema de la compulsión a la comida está prácticamente ligado un asunto sexual. Ya sea por haber sufrido un abuso, personal y específico (cosa que sucede en muchos casos en la infancia temprana y por parte de familiares), o por el abuso y sometimiento al que estamos expuestas por vivir en esta cultura.

Así, al analizar la forma en que la cultura confunde nuestras opciones (haciéndonos creer que todo está al alcance sin capacidad crítica, llevados solamente por la facilidad de lo accesible, sin revisar qué es lo que hay más profundamente dentro de nosotras), podemos tomar conciencia de todas esas voces, de las que hablábamos antes, que pueden estar empujándonos a actuar irreflexivamente.

La mejor forma de decir
no al sexo es con el cuerpo.
La grasa es un no
rotundo y silencioso.

¿Y qué nos queda?

Recuperar nuestra capacidad de alimentarnos nos lleva también a preguntarnos qué pasa con nuestra sexualidad.

Hacernos dueñas de la profundidad, el placer y la belleza inmersas en una relación que se basa en el amor. Es decir, que incluye la confianza, el respeto, la intimidad y con ella la hermosa fragilidad de abandonarnos a alguien, pudiendo ser exactamente como somos una inquietud y un reto que vale la pena alcanzar.

La sexualidad y el alimento se tocan porque los dos son ventanas hacia la vida, nos permiten tocar lo infinito desde lo temporal. El alma a través del cuerpo.

Cuando la comida vuelve a ser alimento,
tocar a otro empieza a serlo también.

Ejercicios:

1. ¿De qué forma vives tu sexualidad? ¿La ejerces con quien realmente quieres?
2. ¿Conoces la experiencia de la unión entre sexualidad y amor?
3. ¿Qué sientes cuando compruebas la forma que te gusta para ejercer tu sexualidad? ¿Cómo la vives? ¿Con satisfacción, curiosidad, vergüenza? ¿Lo compartes con tu pareja?

Capítulo 8

Algunas palabras sobre los cuerpos redondos

En este capítulo quiero abordar un tema que discutía con Tavo (el esposo de mi mamá y, por mutua elección, también mi papá).

Él me comentaba, al leer el borrador, que no había puesto una sola palabra sobre la atracción que tienen las mujeres gordas en los hombres. *Estás equivocada*, me decía, *si crees que a los hombres nos gustan solamente las mujeres que salen en los anuncios y en las películas. A nosotros nos encanta la redondez de la carne.*

Le pedí entonces que me escribiera algo que pudiera aclarar más esto que me pareció tan importante y que rara vez se dice. Cito algunos de sus comentarios:[11]

> *...Existe una atracción singular y más generalizada que lo que se suele aceptar en relación al gusto sexual hacia las gordas.*
> *Hace algunos años se acostumbraba llamar a las muchachas en general con el sustituto de "gordas". Ejemplos: "Conocimos unas gordas que están como quieren", "vamos a ligarnos algunas gordas", "¿vas a salir con tu gorda?" (novia).*
>
> *Esta atracción regularmente se niega. Sin embargo, las gordas que no están culpabilizadas por su sobrepeso sienten y constatan esa atracción que ocasiona su presencia.*
>
> *Yo he imaginado el exceso de carne en la mujer como una forma de riqueza, de protección cariñosa promovida por esa abundancia*

corporal. No sólo no me repugna, sino que me excita; es como nadar en el sexo, te hundes en la carne tibia que te envuelve como una enorme vagina que estimula todo tu cuerpo. Es una orgía donde la exuberancia te cerca procurándote sensualidades extrañas. Son los pliegues, los hoyuelos, las rubicundeces, las rotunididades, sitios de placer donde se descubren fogocidades y apetencias variadas y siempre nuevas.

Estas ardientes tentaciones ofrecen sensaciones sicalípticas, de matices sublimados de erotismo, o sea salacidad intensa, son al mismo tiempo placeres primarios que nos remiten a las sociedades primitivas, las cuales reconocían como símbolo sexual a la mujer más gorda de la tribu. Ella era la reina de la belleza, la dispensadora de favores se-xuales, hoy considerados refinamientos.

Es lamentable que esa opulencia en las formas, que no hace mucho atraía la mayoría de las miradas masculinas y la mujer que poseía tales encantos era calificada de HERMOSA, *así con mayúsculas, hoy sea causa de complejos, de aislamientos sociales, de renuncias a placeres legítimos que su propio cuerpo inspira y provoca, impidiéndose, a sí mismas, el disfrute de sus tesoros eróticos que, si bien no todos aprecian, habemos muchos orgullosamente voluptuosos que admiramos esa opulencia en su corporal y enorme medida. Vivan las mujeres rollizas...*

...Cuando el concepto de belleza encuentra su cauce natural, la exuberancia se planta en su más gozosa expresión y la respaldan artistas prosélitos que exaltan las redondeces fecundas y las esplendorosas rubicundeces, como algunos de los grandes pintores: Rembrandt y su Saskia, *Rubens y sus* Tres Gracias, *o* Betsabé en el baño, *Boticelli y* El nacimiento de Venus, *Coubert y* El sueño, *Corot y* El vestido azul, *Ingres y* El baño turco, *Delacroix y* La libertad guiando al pueblo, *Renoir y* Las bañistas, *Manet y* La rubia de los senos, *y Hoy, hoy, hoy, Botero.*

Los prototipos de belleza no son la belleza

Comenté esto en uno de los grupos y alguien me decía que, efectivamente, a ella le decían que les gustaba porque la sentían como su mamá y que su cuerpo resultaba confortable y protector.

En el libro *Demasiado amor*,[12] de Sara Sefchovich, que aquí cito textualmente, encuadra perfectamente esta idea:

> *...No es cierto, hermanita, que mi vida sea de novela. Las novelas mienten y mi vida es la pura verdad... Yo no podría ser un personaje de ficción porque no soy alta ni delgada, no tengo las piernas largas, ni el vientre liso y los pechos pequeños y duros, ni los ojos azules y el cabello rubio y lacio como tienen todas las heroínas de los libros y de las películas, ni soy negra para que los escritores se puedan explicar mi calentura, ni blanca para que justifiquen mi atractivo.*
>
> *Tú sabes que tengo mi buena pancita, unos senos enormes que se caen por el peso, unas nalgas redondas apoyadas en muslos bien anchos y en piernas cortas, la cara redonda y el pelo oscuro, cortado hasta arriba de las orejas. Tú sabes que nunca uso maquillaje ni joyas y adornos, ni pestañas postizas y labios rojos, ni tacones y uñas pintadas, ni nada de esas cosas que se supone atraen de las mujeres. Pero croo que eso es precisamente lo que les gusta a tantos clientes.*
>
> *Conmigo no se sienten obligados a hacer proezas, a presumir ni a demostrar nada, sino que rápidamente entran en confianza. ¿Sabes cómo me dice mi amigo el poeta? Una piel mestiza llena de rincones y rugosidades, amplias carnes cálidas capaces de alojar, unos senos que inspiran y dan tranquilidad.*

A mí nadie tiene miedo de descomponerme algo, de despintarme, de despeinarme. Conmigo son libres de verdad. Si se acercan tímidos, van perdiendo poco a poco su vergüenza. Si se acercan presumidos o violentos, van abandonando su prepotencia, su miedo. Buscan mi carne pero no mi ropa interior. Buscan mis labios pero no mi bilé. Me buscan a mí, porque lo que yo tengo es lo que ellos necesitan, no una mujer para mirar sino unos ojos que los miren, no una mujer para atender sino una que los acepta, una sonrisa abierta siempre, la alegría de recibirlos en mí que se refleja no sólo entre mis piernas sino desde las cejas hasta las rodillas, desde la frente hasta el empeine, desde el esternón hasta el coxis. Y sobre todo una oreja enorme, capaz de escucharlos en sus palabras y en sus silencios, en sus llantos y en sus mentiras, en sus ilusiones y en sus deseos. Y eso es lo que mis clientes encuentran en mí, que les doy calor, los apapacho, los tomo en serio, los hago sentirse importantes. Por eso vuelven una y otra vez, porque saben que me seducen no sólo en la carne sino también en el alma, no sólo en el oído sino también en la risa.

Porque nunca los juzgo ni los critico ni les exijo ni los acuso. Porque conmigo pueden hacer reales los sueños de sus pobres vidas, convertir mi carne en almohada, mi casa en su casa, su placer en mi apoyo, mi seducción en su confianza.

Este pasaje del libro nos muestra claramente lo que hay o puede haber más allá de lo que la publicidad y la cultura quieren hacernos creer: que sólo existe la envoltura, que lo de adentro no cuenta, que la intimidad espanta y hay que evitarla, que lo importante se compra y si no tienes para pagarlo resígnate o sacrifícate para obtenerlo.

Hay varias cosas que podrían reflexionarse con estas palabras: la mujer que protagoniza esta novela es una prostituta que goza de su sexualidad y goza de compartirla con quien ella quiere. Puede, como en un globo aerostático, ver el bosque desde arriba y darse cuenta de lo que la sociedad pide y encajona y los resultados que lleva consigo. El poder aceptar su cuerpo como tal y así disfrutarlo es una de las tareas que la mujer tiene en este tiempo: decir NO a las grandes compañías que sólo venden estereotipos y modelos importados e imposibles de alcanzar en la mayoría de los casos, y SÍ a lo que nos pertenece y puede hacernos felices y plenas.

Ejercicios:

1. Recuerda alguna experiencia donde hayas sentido que tu cuerpo exactamente como está causa atracción.
2. Hoy vístete como si te aceptaras completamente, y sal a la calle observando con atención lo que tu persona genera en las demás.

Capítulo 9

Sexualidad, intimidad y niña interna. ¿Y cómo la protejo?

He descubrierto que es común que una mujer que padece de compulsión a la comida haya sufrido en algún momento de su vida algún tipo de abuso sexual.

De hecho, es más común haberlo sufrido en la infancia temprana y en manos de familiares cercanos. Cuando me refiero a abuso sexual no hablo exclusivamente de una violación en la que haya habido penetración.

Se puede abusar sexualmente:

- Con una mirada.
- Con una frase.
- Haciéndonos cómplices de una confidencia sexual.
- Haciéndonos testigos de una escena sexual, violenta o no.
- Obligándonos sutilmente o no a ocupar el papel de la pareja, aun sin involucrar las relaciones sexuales.
- No informándonos suficiente sobre el tema, propiciando así que no podamos defendernos de un abuso.

Pero como el abuso sexual no es el único que se sufre, una niña en un hogar donde no se dice la verdad debe actuar como si nada hubiera pasado, y esa negra sensación de haber sido manchada, maltratada y usada debe guardarse en el silencio.

El silencio y el dolor

entonces se convierten en cómplices

de la adicción.

Cuando la niña crece y su cuerpo empieza a dar señales de sexualidad madura, crecen también (a veces inconscientemente, otras con mucha conciencia) los miedos a despertar en otro el deseo que trae consigo el abuso y, por tanto, el terror.

Pero no surge casi nunca en forma clara, es raro oír a una mujer que diga *no quiero ser atractiva*. Se necesita valor para decirse la verdad, la propia y la de los demás.

Y esta verdad la guarda nuestra niña interna, es decir, esa parte frágil, sensible, tierna, espontánea, creativa, que maneja mucho de nuestro comportamiento y que, cuando hemos tenido problemas, generalmente se encuentra abandonada en un rincón dentro de nosotros, como en la película *La Vida es Bella*, en que el hombre le dice a su hijo: *entra en ese clóset y no salgas hasta mañana*.

A veces buscamos a la niña dentro de nosotros y la encontramos después de 30 años o más metida en ese clóset, olvidada, enojada, insensible, desesperanzada, desconfiada de nosotros o de cualquier persona.

Ha aprendido a cerrar con llave por dentro y no permitirá que cualquiera entre, no importa cuánta comida tenga que ingerir para protegerse.

Es necesario hacer contacto con ella, hablarle, escucharla, recuperar su confianza y validar nuevamente esa forma maravillosa de vivir de los niños.

Porque es nuestra niña, al sentirse protegida y de la mano de nuestra parte adulta, quien nos permitirá de nuevo acercarnos libre y profundamente al otro.

Pero, ¿quién es esta niña?

Normalmente una desconocida.

Cuando habla no la escuchamos o no le creemos.

Cuando llora, en vez de consolarla la callamos por su comportamiento inadecuado. Si grita le decimos que es una grosera.

Enjuiciándola, acaba por callar y retirarse.

Reconocerla, acercarla a nosotros, brindarle tiempo y confianza, nos permite ir borrando esas divisiones internas, tirando las pa-redes de los diminutos cuartos donde se esconde y abrir una gran sala donde puedan convivir los recuerdos, donde se reúnan las verdades, donde el corazón sea el capitán del barco.

Decirnos la verdad

no es fácil.

Hay kilos de por medio.

Pero de la mano de las verdades dolorosas vienen también las que nos inspiran y dan sentido a nuestra vida.

Afortunadamente, como dice Baudelio Camarillo en un bellísimo poema, *cuando un instante brilla es para siempre.*

Si alguien, a pesar de todo lo que haya vivido, me vio con ojos de amor incondicional, respeto, confianza, orgullo, esa luz vive dentro de mí.

Si alguna vez he vivido la experiencia de pertenecer a alguien o he tenido la maravillosa sensación de unidad con Dios, al mirar un atardecer, escuchar una parvada, oler una flor o recordar una frase amorosa, entonces dentro de mí estoy profundamente acompañada, y esa niña que me habita tiene en mí su resguardo.

Es simplemente que dentro de la casa de mi corazón no había abierto el cuarto iluminado por el sol, y esa niña, escondida tal vez, nunca estuvo allí, pero todo puede cambiar si le doy la mano.

¿Alguna vez has cerrado tus ojos y entrado en ese mundo donde todo sucede?

Un mundo como el que Yannis Ritsos nos muestra a continuación:[13]

Hoy, una niña pequeñita,
con una cinta de mar en el cabello,
se subió hasta la cima del álamo y desde ahí canta.

De su trino brotan avecillas que llenan patios y tejados.
Las aves se posan en los hombros de los niños.
Los hombres se enredan en las redes luminosas de los rayos
y se tambalean como pájaros recién nacidos.

Las rosas enloquecieron y hacen maromas en el agua.
¡Dios mío! La luz borracha va a romper las ventanas
e inundará las habitaciones y no dejará una sola sombra
para que mi madre proteja sus ojos...

Cierra tus ojos ahora.

Invita a tu niña a ese lugar.

Dile que todo esto vive en tu corazón y, por tanto, le pertenece. Y le pertenece por el simple hecho de haber nacido, porque todo ser humano guarda en su corazón ese jardín secreto que lo resguarda siempre que lo necesite.

¿Y dónde está la niña interna?

Hablemos un poco más de esta parte tan importante que vive en nosotros.

Dice Lucía Capacchione, en su libro *Recovery of Your Inner Child,*[14] que el concepto del niño interno no es nuevo. Desde la antigüedad, la mitología habla del niño que se convierte en líder o guía de otros.

Habla también de cómo muchos de ellos en su infancia fueron niños abandonados o que sufrieron grandes peligros.

Tenemos a Moisés y cómo fue recogido en el río en una cesta. A Krishna, cuyo nacimiento corrió un gran peligro. Cómo Zeus tuvo que ser escondido para no ser devorado por su padre Cronos. Cómo a Rómulo y Remo los amamantó una loba. O Jesús nació en un pesebre, ya que no había lugar para él.

Los cuentos de hadas europeos hablan también de niños abandonados o maltratados como Hansel y Gretel, La Cenicienta, Blanca Nieves, La Bella Durmiente o Caperucita Roja.

Jeremiah Abrams, editor del libro *Recuperar el niño interior,*[15] escrito por autores como Carl Jung, Joseph Campbell, John Bradshaw y otros, habla de él de esta forma:

> *El niño interior lleva consigo nuestra historia personal, y es el vehículo tanto de nuestros recuerdos del niño real como del niño idealizado del pasado. Es la cualidad "verdaderamente viva" de nuestro ser interior. Es el alma, aquello que experimenta en nosotros a través de todos los ciclos vitales. Es la víctima. Y es el portador de la renovación a través del renacimiento, apareciendo en nuestras vidas siempre que nos abrimos al cambio.*

La cita anterior omite, a mi manera de ver, una tercera etapa que se deriva de las dos anteriores, le llamaría etapa "inconscientemente vindicativa", porque en ella se opera la maldición bíblica impuesta hasta la séptima generación, o sea, en este mismo contexto, infinitamente, hasta que no se pusiera remedio. En esta etapa, el niño interior aparece como el verdugo que impone lo que a él le impusieron, que reclama en otros (muchas veces sus seres más queridos), todo aque-llo que lo atormentó y que no pudo liberarse por sí propio, ni reclamarlo en su momento. He comprobado que entre más profundo e inconsciente es el daño, más impositiva es la reacción.

Romper esta cadena es, pues, la tarea.

Mi experiencia personal y profesional sobre la niña interna, generalmente me ha sorprendido. Explorar a la niña interna, en mí, en mis pacientes o participantes de los grupos nos ha llevado a descubrir la chispa, la lámpara que llevamos dentro y que, de hecho, nos mueve mucho más de lo que a veces quisiéramos. Cuando esa parte frágil es escuchada, muchos de nuestros comportamientos cambian, a veces radicalmente; recuperamos la alegría, la espontaneidad, inclusive la inocencia, la fe en los demás, y al mismo tiempo, la capacidad de cuidar de nosotras con esa sabiduría que da estar cerca de la voz vital de los niños.

Las historias para niños hablan de experiencias humanas universales. Por eso nos tocan tan profundamente. Se refieren a lo que Carl Jung llama los arquetipos. Éstos tienen una importante función en la vida de los seres humanos.

Continúa Jeremiah Abrams, citando a Jung, en el mismo libro:[16]

> *...El arquetipo es una forma inconsciente, irrepresentable y preexistente que parece formar parte de la estructura psíquica heredada...*

> *...Los arquetipos fueron, y son todavía, fuerzas psíquicas vivas... Aportaron siempre protección y salvación, y violarlos conlleva a aquellos "peligros del alma" que conocemos por la psicología del hombre primitivo. Por otra parte, constituyen la causa indiscutible de trastornos neuróticos e incluso psicopáticos, comportándose exactamente como órganos físicos o como sistemas orgánicos desatendidos o maltratados.*

De hecho, todos los humanos tenemos algo en común, nuestra vida comienza siendo vulnerable y dependiente.

Desde los ojos de un niño, entonces, un adulto violento puede verse fácilmente como gigante, bruja u ogro.

Descubrir a nuestra niña interna y crear un diálogo con ella, surgió en los años ochenta, desarrollado por los psicólogos Hall Stone y Sidra Winkelman. Ellos hablaban de subpersonalidades, como el crítico, el protector, el juez, el artista, etcétera.

Entender esto ha sido la base de muchas terapias en las que nuestras partes internas pueden, al crear un diálogo, llegar a acuerdos, discutir, modificar creencias, fortalecer fases en nosotras que no han sido desarrolladas y que en una situación de crisis necesitan salir al rescate.

Nuestras partes más vulnerables son también aquellas que nos permiten relacionarnos más íntimamente con los demás. Cuando mostramos la ternura, la dependencia, el miedo, la espontaneidad, quitamos las capas externas de la cebolla y permitimos que el otro vea qué hay en nuestra profundidad, en nuestro corazón. Pero es también desde allí, al sentirnos lastimadas, donde podemos lastimar y demandar con más fuerza. Si tenemos miedo a ser abandonadas, por ejemplo, un miedo antiguo y desproporcionado, podemos demandar de otro lo que no puede darnos, porque no le corresponde, y así, muchos de los comportamientos compulsivos, conductas que no queremos tener pero están, o pensamientos que pueden parecer absurdos, vienen directamente de la niña interna, que no fue atendida, y que hasta la fecha, de adultas, ignoramos y ponemos en manos de quienes no pueden y tal vez no quieren cuidar.

¿Cómo podemos darnos cuenta de lo que necesita?

La niña interna habla con sensaciones, voces, imágenes, sueños.

Como de niñas pudimos haber sido empujadas hacia la negación de lo que sentíamos y de lo que necesitábamos, muchas veces esas voces, imágenes o sensaciones son calladas automáticamente con una voz que es la de nuestra madre o padre, o cualquier figura de autoridad que se haya ocupado de educarnos.

Así, podemos estar en un lugar y pensar *no estoy a gusto aquí,* e inmediatamente otra voz contestarnos, *no seas ingrata, tan bien que te están tratando,* la niña puede responder, a su vez, *pero están criticando a mis amigas,* y la voz contestar, *agradece que no es a ti a la que critican.*

Una niña interna fuerte y protegida nos haría pararnos e irnos del lugar.

Pero normalmente fuimos educadas para agradar a otros, no decir lo que nos pasa o sentimos, y lo más fácil es quedarnos donde no queremos (una visita, un viaje, un trabajo, una relación) porque somos lindas y educadas.

Somos las responsables de nuestra niña interna y la atención a sus necesidades, a la voz que nos dice lo que le nutre o lastima. Conforme podemos relacionarnos mejor con esa parte nuestra, también podemos relacionarnos mejor con los demás.

Conforme la comida vuelve a ser alimento, es decir, conforme podemos darle al cuerpo lo que pida, sin culpa, por tanto, sin exceso, entonces la niña interna nos habla más fuerte y claramente.

Invitar a nuestra niña interna a conversar puede darnos mucha conciencia, porque esa parte nuestra está más cerca de la realidad inmediata, ya que percibe el impacto exterior, como lo decía antes, por medio de sensaciones y sentimientos. Atenderlos nos permite medir lo que está pasando de una forma más clara.

También podemos aprender a hablarle a la niña interna con las voces amorosas que tuvimos en algún momento de nuestra vida.

Los abuelos, que con frecuencia son polvo de estrellas en la vida de los niños, dejaron tatuadas en nuestro corazón sus voces, que, si sabemos escuchar atentamente, vuelven a nosotras.

Mi tata, que me contaba, sentada en sus rodillas, el cuento del *Príncipe Feliz y el Petirrojo*, me dejó en el alma la certeza de que puedo creer en la risa y en la bondad. Ahora, cada vez que lo necesito, cierro mis ojos y desde esos dos balcones he visto pasar muchos petirrojos y muchos príncipes compartiendo su riqueza.

Nuestra niña interna nos permite tocar nuestra alma y la de los demás, nos acerca a lo más sutil que hay en la naturaleza y en los otros seres humanos. Nos muestra la verdadera *chispa de la vida:* la alegría de ser nosotras y ser con otros.

Acercarnos a este tema puede ser difícil, pero mi experiencia me ha enseñado que pocos regalos bellos me ha dado la vida, como ***volver a ser niña.***

Ejercicios:

1. Ubícate en un lugar cómodo, con tiempo suficiente, para dedicarlo a ti. Toma una hoja de papel y dibuja a tu niña, la que en ese momento recuerdes. Ahora, escríbele una carta con lo que se te ocurra decirle.
   Con tu mano no dominante permite que te conteste. Haz un diálogo con ella, cambiando de mano al escribir.
2. Dedica un tiempo del día a conocer o reconocer esa parte tuya que lleva, tal vez, mucho tiempo olvidada.

Capítulo 10

Autoestima. La lámpara que ilumina el alma

Yo sé que existo
porque tú me imaginas.
Soy alto porque tú me crees
alto, y limpio porque tú me miras
con buenos ojos,
con mirada limpia.

Tu pensamiento me hace
inteligente, y en tu sencilla
ternura, yo soy también sencillo
y bondadoso.

Pero si tú me olvidas
quedaré muerto sin que nadie
lo sepa. Verán viva
mi carne, pero será otro hombre
–oscuro, torpe, malo– el que la habita...

Muerte en el olvido[17]
Ángel González.

¿Qué es la autoestima sino podernos mirar con los ojos de quien nos ama?

Dicen que amar es mirar a otro como

Dios lo soñó...

Pero amar es algo que se aprende. Amarnos depende de la forma en que otro nos enseñó el amor. Cuando nacemos, no sabemos siquiera que somos un ser individual. Durante meses sentimos que somos parte de nuestra madre. Es hasta el noveno mes, aproximadamente, que empezamos a conocer la separatividad. Es por ello que los bebés lloran durante ese periodo cuando los separan de su madre.

La forma en que sabemos que somos valiosos depende de cómo nos han tratado concretamente, es decir, cómo nos hablan, cómo nos escuchan, cómo nos atienden, cuánto importan nuestras necesidades, cómo nos estimulan. El amor no es algo que flota en el aire, y que al respirar adquirimos. Si al crecer no conocemos el respeto, la confianza, el cuidado, la intimidad, no existirá en nosotros ese espejo para mirarnos.

Nos trataremos por consiguiente irrespetuosa, desconfiada, descuidadamente, y seremos incapaces de tratarnos con intimidad, es decir, con verdad.

La comida tiene que ver con aquellos temas a los que no podemos enfrentarnos. La autoestima se asienta en la confianza básica. Ésta se da en la primera etapa del desarrollo (del nacimiento al año y medio o dos años de edad).

Cito a Martín Villanueva en su libro *Hacia un modelo integral de la personalidad*:[18]

Cuando las necesidades fisiológicas, de seguridad, de amor y pertenencia son frustradas seriamente, el niño es sometido a lo que Horney (1973) ha llamado "mal básico", se siente desamparado, desprotegido, angustiado, temeroso y deprimido; es presa de una seria "angustia básica". Siendo un completo inválido necesita con urgencia sentirse amado, acogido, seguro. Si no lo logra, las consecuencias son realmente obvias...

...Las necesidades que han quedado insatisfechas se convierten en patológicas; las que originalmente eran normales y sanas (fisiológicas, de seguridad y de amor y pertenencia) se transforman en demandas desproporcionadas, indiscriminadas, irrealistas e imperiosas; en las necesidades neuróticas de afecto y aprobación, de un compañero que lo proteja y lo controle y de restringir su vida a límites muy estrechos por su enorme falta de confianza (Horney, 1942). Estas tendencias neuróticas, por lo general, van acompañadas de algunas creencias irracionales estudiadas por Ellis (1958). Por ejemplo, por "la idea de que uno necesita algo distinto o más fuerte o más grande que uno mismo en quién apoyarse"; o "la idea de que mucha de la infelicidad humana es causada externamente y forzada en uno por personas y hechos externos" (Ellis, 1958).

Esta desconfianza básica con la que crecimos nos lleva a buscar algo o a alguien que no nos abandone jamás, que no nos reclame, que no nos maltrate. Cuando hablaba de la niña interna decía que al no hacer contacto con las necesidades de esa parte frágil, buscamos en otro aquello que no nos dieron cuando más lo necesitábamos y entonces vamos por la vida pidiendo exageradamente, algo imposible. Como comprobamos que eso no puede ser, es decir, que nadie nos verá todo el tiempo, ni podrá reconocer, alabar y apreciar TODO lo que hacemos, como si tuviéramos dos años y estuviéramos constantemente diciendo: *mírame, mírame, mírame...*, entonces dirigimos nuestra vida hacia la comida porque ésta *se convierte en una amiga*

fiel e inseparable.

La autoestima y la niña interna van de la mano.

Que esa parte de nosotras sepa que hay una adulta que la quiere, la respeta, la aprecia y la cuida, hace la diferencia. Cuando no podemos vernos valiosas, buscaremos afuera lo que no podemos tener adentro. Paradójicamente, encontraremos siempre personas que reflejen esta poca valía: no podrán ver lo que sí hacemos bien, afocarán nuestras carencias y defectos, estarán pidiéndonos más. Como ésta es la experiencia que conocemos de niñas, nos parecerá natural y reforzará la creencia de que así son las cosas y así seguirán siendo.

Es decir, continuaremos creyendo que no somos suficientemente valiosas, a menos que seamos mejores.

Esta eterna persecución puede seguir hasta que podamos asomarnos a la verdadera persona que somos: aquella que desde que nació mereció lo que tal vez no pudieron darnos, pero no por eso perdió el derecho, aunque así lo hayamos creído.

Y decía que la comida tiene que ver con la intimidad. Para mirarnos con intimidad, es decir, con la hermosa capacidad para vernos completas, con todo lo que somos, necesitamos estar seguras de que, seamos quienes seamos, hay amor.

La comida hará por nosotras dos cosas: será una muda compañera que nos permitirá, mientras la comemos, arrullarnos y decirnos que somos buenas y dignas de ser amadas, que nada pasa, que el dolor no está allí.

Pero después de comer, repetirá el guión de lo que nos dijeron de niñas: *eres una tonta, no sirves para nada, nunca cambiarás, serás una gorda de por vida, para qué lo intentas.*

Es una forma del inconsciente para repetir el campo de batalla y buscar esta vez ganar. Pero mientras la lucha sea niña indefensa contra adultos carentes de amor, la guerra seguirá perdida. Y no es ganar la guerra sino firmar la paz lo que necesitamos. Sacar a la niña de esa casa, de esa relación dispareja, firmar los papeles de adopción en nuestro corazón y decirle: *De ahora en adelante, yo cuidaré de ti. No necesitarás más retacarte de comida para olvidar o mentirte.*

La verdad y el amor pueden caminar juntos.

Ejercicios:

1. Haz una lista de 10 cualidades que tienes. Si es difícil reconocerlas en ti, pregúntale a quienes viven contigo qué les gusta de ti.
2. Piensa en alguien que en algún momento de tu vida, aunque haya sido sólo un instante, te haya demostrado su amor. Imagina ahora que te mira con sus ojos. Fíjate cómo te ves a ti misma desde esos ojos. Cuando tu corazón tenga el recuerdo a la mano, escríbele a esa persona una carta de agradecimiento.

1- Sincera
2- ojos
3- boca
4- pelo
5- buen corazón
6-
7-
8-
9-
10

Capítulo 11

Manejo de sentimientos. ¿Vale la pena sentir?

Te engañas, no has vivido... No basta que tus ojos
se abran como dos fuentes de piedad, que tus manos
se posen sobre todos los dolores humanos
ni que tus plantas crucen por todos los abrojos.

Te engañas, no has vivido mientras tu paso incierto
surque las lobregueces de tu interior a tientas;
mientras, en un impulso de sembrador, no sientas
fecundado tu espíritu, florecido tu huerto.

Hay que labrar tu campo, divinizar la vida,
tener con mano firme la lámpara encendida
sobre la eterna sombra, sobre el eterno abismo...
Y callar, mas tan hondo, con tan profunda calma,
que, absorto en la infinita soledad de ti mismo,
no escuches sino el vasto silencio de tu alma.

INTUS[19]
Enrique González Martínez

Nacemos con capacidad de sentir. Porque sentir es estar involucrado con algo o alguien, y para poder sobrevivir necesitamos de alguien con quien tuvimos una relación.

Según Agnes Heller, existen cinco sentimientos básicos que son innatos:

- Miedo
- Alegría
- Tristeza
- Enojo
- Afecto

Al mismo tiempo que los sentimientos son innatos, también son históricos, es decir, los aprendemos como nos los enseñan. Si en nuestra familia la tristeza estaba prohibida y en vez de llorar contaban chistes, a pesar de que sintamos la tristeza, tal vez después no sabremos expresarla y llegará un momento en que ni siquiera sabremos si la sentimos.

Los sentimientos pueden estar prohibidos, exagerados, y, por tanto, disminuidos o desproporcionados.

Si el padre o la madre exageraban, por ejemplo, el enojo, la niña puede repetir el ejemplo o irse al lugar contrario: perder la capacidad de enojarse, al mismo tiempo que se asuste mucho cuando alguien se enoje y, por tanto, no pueda poner límites.

Los sentimientos no son ni buenos ni malos. Lo que puede ser bueno o malo es su expresión, según las consecuencias que genere.

Pero desgraciadamente nos los enseñan así. Si estamos enojadas somos malas, si estamos contentas somos buenas. Entonces los sentimientos, que surgen espontáneamente, nos llevan hacia la maldad o la bondad, conforme hayan sido juzgados en nuestra familia.

Normalmente a las mujeres se nos inhibe el enojo y se nos estimula la tristeza (en esta cultura a los hombres se les trata al contrario), de manera que podemos aprender a tapar el enojo con la tristeza y llorar en vez de defendernos de un abuso. A la larga nos convierte en manipuladoras y con las lágrimas queremos arreglar todo.

Otro problema de los sentimientos es que se pegan al amor, es decir, creemos que por estar enojadas dejamos de querer a alguien y viceversa, que si nuestros padres se enojan con nosotras nos están dejando de querer.

Lo anterior por varias razones: primero porque en vez de aclarar el enojo nos dejan de hablar o claramente nos dicen *ya no te quiero*. Segundo, porque a veces sus propios enojos, que no tienen que ver con nosotras, los ponen sobre nuestros hombros y los cargamos. Así, el enojo puede provocarnos una carga tan fuerte que se vuelve imposible de manejar.

Los sentimientos llevan este camino:

Sensación: Es la forma que el sentimiento se registra en el cuerpo y nos avisa que algo pasa: nos duele el estómago, se nos hace un nudo en la garganta, se crispan los puños, nos tiemblan las piernas. Esta sensación es el primer paso y todavía el sentimiento no tiene nombre.

Si la comida nos anestesia desde la sensación, apenas la registremos correremos a callarla. De esta forma, sabemos que nos pasa algo, pero no qué. Esto puede provocar que los sentimientos se vuelvan una especie de presión angustiosa dentro del pecho que necesitemos aliviar. Cuando esta sensación es muy desagradable, comeremos cada vez que algo nos pase, no importa si nos provoca alegría, tristeza o miedo.

Sentimiento: Si podemos nombrar a la sensación entonces tenemos ya propiamente un sentimiento. De los cinco básicos se desprenden una gama de otros sentimientos, y mientras más podamos nombrar, más fácilmente los podremos manejar.

En este punto puede la comida también acallar, es decir, podemos saber lo que sentimos, pero no sabemos qué hacer con ello, porque la expresión del sentimiento –que es el siguiente paso– requiere responsabilidad con las consecuencias e involucra a otros. Entonces, al sentirnos enojadas, frustradas o aburridas, en vez de movernos hacia el siguiente paso, vamos hacia el refrigerador, lo que nos permite regresar a donde estábamos antes, cuando no había sucedido nada.

Nombrar un sentimiento facilita ampliamente su manejo. Si sólo puedo decir me siento mal o bien, o triste, contenta y enojada, me encontraré muy limitada en la amplia gama de sentimientos que pueden existir dentro de mí.

Hay sentimientos que nos ayudan a crecer, como son:

Plenitud
Dignidad
Fe
Tolerancia
Paz
Sinceridad
Agradecimiento
Soledad (buscada)
Simpatía
Ternura
Creatividad
Etcétera

Y otros detienen nuestro crecimiento, como son:

Desesperación
Rencor

Amargura
Culpa (neurótica)
Torpeza
Pánico
Fastidio
Resentimiento
Intolerancia
Odio

Expresión: Cuando ya sabemos qué sentimos y si la comida *no nos hizo el favor*, podemos expresarlo. Como dije antes, esto implica el compromiso de involucrarnos con otros y hacernos cargo de las consecuencias. No es lo mismo enojarme y tragarme el sentimiento que decirle al otro qué es lo que me molesta.

Lo primero me permite posponer lo que pasa en la relación.

Lo segundo requiere el valor de defenderla.

Porque no poner en claro lo que me pasa va generando un escudo interno, producto del coraje, la decepción y la tristeza no expresadas.

La grasa es una gran protección contra esto.

Una de las cosas que puede pasar, si no aprendí a expresar adecuadamente los sentimientos, es que cuando puedo hacerlo, los expreso inadecuada o incontenidamente. O exagero con respecto a lo que sucedió y entonces compruebo que decir lo que me pasa tendrá resultados funestos, o lo digo con menos intensidad de la que corresponde y, entonces, los demás no le darán la suficiente importancia y comprobaré también que a los demás no les importa lo que siento.

Detrás de los sentimientos

están las necesidades.

Es importante revisar cuáles son las necesidades que nos mueven. Para esto debemos revisar también nuestras creencias y nuestro papel en la sociedad, ya que ésta se encargará de llenarnos de necesidades para manejarnos con la frustración de no satisfacerlas.

Hablaré ahora de los sentimientos que pueden llevarnos con más facilidad a comer compulsivamente:

Miedo: De niñas, la diferencia entre alguien y nadie era la diferencia entre vivir y morir. No importa si ese alguien nos maltrataba o no nos cuidaba.

Crecemos con el miedo de no ser amadas por nosotras mismas y pasamos la vida haciendo cosas para lograr ese amor. Creamos una imagen ideal de nosotras mismas y buscamos parecernos a ella, con la esperanza de lograr esa protección y cuidado que tanto necesitamos.

A un niño no se le quita el miedo si se le dice *no tengas miedo*. La forma adecuada es abrazarlo y decirle *estoy aquí*. Esta experiencia generalmente no la conocemos. Crecemos asustadas e incontenidas, es decir, negando o exagerando el miedo con la esperanza de controlarlo. Nos decimos *no pasa nada, o yo puedo con esto.* No podemos pedir ayuda, nos cuesta trabajo mostrarnos vulnerables. Tenemos miedo de no encontrar respuesta.

El miedo nos paraliza

o nos hace insensibles.

Preferimos comer a pedir protección.

En mis talleres las mujeres pueden llegar a sentir mucho miedo: miedo a no saber qué va a pasar, miedo a no contar con nadie, miedo a perder el control, miedo a descubrir verdades terribles, miedo a tener miedo.

Después de hacer conciencia de cuánto miedo han sentido ya, y siguen vivas, y cuánta energía han gastado en evitar sentir el miedo, éste empieza a disminuir, a tomar una forma manejable, saludable.

El miedo es el sentimiento de la sobrevivencia, ya sea física o emocional; saber escucharlo y responder a él es vital. El miedo nos permite saber si vamos por el camino correcto, si nos sentimos seguros en una relación, en un lugar, un trabajo. Así como el venado, obedeciendo a su miedo, sabe correr cuando olfatea al tigre, recuperar la capacidad de sentir miedo nos permite vivir con más seguridad.

Enojo: Además del miedo, nacemos enojados.

Imagínate lo que significa salir de un lugar en el que vivimos durante nueve meses, con una temperatura estable, protegidos de golpes, luz, con las necesidades satisfechas instantáneamente, sin necesidad de pedir.

De repente nos encontramos en un medio extraño, con frío o calor, pidiendo el alimento, separados de nuestra madre. Y a pesar de ser el enojo uno de los primeros sentimientos, muchas veces es el último que podemos manejar.

Y existe quien muere sin haberlo hecho.

Moralizar el enojo, como decía antes, sentimiento que nos permite poner los límites en una relación, nos confunde y asusta. Sentimos enojo, pero no sabemos cómo expresarlo y tenemos miedo de que los demás, a su vez, se enojen con nosotros.

Otro error en la expresión del enojo es que en vez de nombrar las conductas que nos enojan, normalmente las unimos a la esencia de la persona: Aprendimos a que éramos tontas por tirar el agua, necias por preguntar demasiado, groseras por decir *no me gusta*. Entonces al crecer no decimos *me enoja que llegaras 45 minutos tarde ayer,* decimos *eres un impuntual*, o le damos un significado que para otro puede no tener: *yo no te importo*.

Así, en vez de entregar al otro un paquete que le quepa en las manos, con el enojo descargo en él un peso que por excesivo lo obligará a contestármela: en vez de decir *discúlpame por el retraso,* responderá *tú también eres una impuntual, una de cal por las que van de arena, te lo mereces,* etcétera.

Obviamente una respuesta así nos enojará más y responderemos con una intensidad mayor.

La regla más sencilla para expresar el enojo es decir: *estoy enojada contigo* (de esta forma me responsabilizo de mi enojo y lo dirijo a quien le corresponde) *por lo que hiciste* (específicamente con lugar y tiempo). Incluso, si el enojo es muy grande y estoy dispuesta a responder con alguna consecuencia, puedo decirlo claramente para que el otro sepa a qué atenerse: *La próxima vez que suceda esto, yo...*

Esto, tan simple, puede hacer la diferencia en un enojo.

Con nosotras y con los demás. Nos ayuda a expresar sin ofender o lastimar, y

Entonces lo que conseguimos
es aquello para lo que
el enojo sirve: poner un límite.

Lo demás no pasa de ser amenazas, pullas y agresiones que no llegarán más que a lastimar una relación.

Así, la comida nos ofrece también para el enojo una salvación: en vez de decir no me gusta, podemos sentarnos frente a un pastel de chocolate y después de acabárnoslo diremos en silencio *no me gusto yo.* Es mucho más fácil lanzar el enojo hacia adentro, cubrirlo con merengue y posponer el verdadero problema.

Culpa: Existen tres tipos de culpa:[20]

1. *Culpa real*, que surge de un daño causado a otro, ya sea física o emocionalmente. Esta culpa requiere una reparación en la medida de lo posible. Esta culpa es la que nos permite convivir con otros y saber que estamos sobrepasando sus límites. Sentir culpa real por haber dañado a otros nos moviliza hacia una mejor forma de relación y crecimiento.
2. *Culpa neurótica*, que es resultado de la distorsión de los hechos en nuestra mente, como resultado de la historia que hemos vivido, de nuestras creencias o de nuestra cultura. Esta culpa quizá no tenga que ver con lo que hemos hecho y tiene que ver con lo que John Bradshaw denomina: Vergüenza recurrente.[21]

Esta culpa se produjo por un enojo que no pudimos expresar de niños, y al considerar malo sentirlo lo convertimos en un sentimiento que, en vez de lastimar a otro, nos lastima a nosotras.

Normalmente, cuando nos sentimos culpables, en forma neurótica, estamos dándole vuelta al tema en nuestra mente. Nos lastimamos pero no damos ningún paso. Excepto al refrigerador. Esta culpa no ayuda a nadie. Nos hace sentir malas personas y juzgarnos con esa misma vara a los demás.

3. *Culpa existencial*, llamada así porque se relaciona con nuestra conciencia de lo que somos y podemos hacer en la vida. Surge de una revisión de nuestro sentido y de darnos cuenta de qué hemos hecho o dejado de hacer. Frankl llama a este momento *vacío fértil*.[22]

Ésta es la culpa que nos lleva a crecer. Nos pone en contacto con nuestro centro espiritual y rompe nuestras ataduras permitiéndonos desplegar nuestros recursos.

Cuando podemos distinguir entre estas tres culpas tenemos la opción de trabajar con nuestra culpa neurótica para salir de allí y sumergirnos responsablemente en la culpa real o existencial para crecer.

Perdón: Uno de los pilares del amor y de los sentimientos que más liberación nos prodiga es el perdón. Es, a su vez, de los sentimientos más difíciles de lograr. Primero, porque es uno de los más mal entendidos, y segundo porque requiere revisarse una y otra vez.

Está mal entendido porque nos han hecho creer que perdonar significa olvidar. Una ofensa o herida puede llegar a olvidarse con el tiempo, pero es resultado de los procesos del inconsciente que acomoda en otro lugar el suceso y le da otro significado u otro peso. Como la memoria es selectiva, olvidamos cuando no necesitamos recordar o cuando creemos que podemos dejar en paz el hecho. Esto puede darse incluso sin haber perdonado. Olvidamos también por salud mental. Pero el olvido puede guardar el rencor, la venganza y sin recordar el evento, buscar constantemente repetir las circunstancias que nos hagan ganar la batalla esta vez.

Uno de los ejemplos que más encuentro en mis talleres es el del abuso sexual a edades tempranas. Una niña puede tener olvidado un abuso que sufrió a los tres o cuatro años.

Esto no significa que lo haya perdonado.

La niña está allí dentro del corazón de la adulta, escondida, asustada, enojada. Pero como adultas no recordamos el hecho, sino hasta que tengamos los recursos para sanar. El perdón vendrá después de validar el enojo y la fuerza para rescatarla. Este suceso puede vivir después de haberlo trabajado como una película en blanco y negro que podemos recordar, inclusive fríamente, pero ya no teñirá de colores la vida presente sin darnos cuenta.

El olvido será una forma de almacenamiento en nuestra memoria. El suceso pasa al archivo muerto. Podemos tener acceso a él si necesitamos, pero se guarda donde no estorba.

La experiencia me ha enseñado que se puede perdonar sin olvidar y esto nos permite aprender de la lección que la ofensa nos da.

Y que el olvido sin perdón
puede causarnos mucho daño.

Otra razón por la que perdonar puede ser difícil es porque creemos que perdonar implica volver a permitir el daño. Esto es un error. Dicen los hermanos Lynn, en su libro *No perdones demasiado pronto,* que la escena del evangelio en la que Jesús dice que pongan la otra mejilla está mal entendida y ha causado confusión y daño a muchas generaciones. La explicación según ellos es la siguiente:[23]

> *Walter Wink en su laureado libro* Engaging the Powers *nos ayudó a comprender que Jesús acaso quiso decir lo contrario de lo que siempre pensamos. En Mateo 5:38-42 Jesús nos invita a un perdón que, lejos de ser pasivo y autoabusivo, resiste activamente el mal, mantiene nuestra dignidad e invita a la persona que nos hiere*

a recordar su propia dignidad. A continuación presentamos la explicación de Walter:

..."a cualquiera que te hiera la mejilla derecha, vuélvele también la otra". ¿Por qué específicamente la mejilla derecha? Imagínate que eres un pobre esclavo de la antigua Palestina y tu amo te enfrenta y está a punto de golpearte. No puede usar su mano izquierda, pues sólo se usaba para trabajos sucios. Debe entonces usar la derecha. No puede golpear tu mejilla derecha con el puño o con la palma porque eso lo forzaría a torcerse o a enchuecar el brazo. Así, habría de usar el revés de la mano. En la cultura de Jesús golpear a alguien con el revés de la mano era un gesto con un significado muy específico. Sólo lo usaban quienes estaban en una posición más poderosa para humillar a quienes tenían menos poder. Los amos golpeaban así alos esclavos, los romanos a los judíos, los maridos a las mujeres y los padres a los hijos. El mensaje era: "Recuerda que tu lugar está abajo de mí."

Si haces lo que dice el pasaje y ofreces la otra mejilla (la izquierda) y tu amo todavía tiene que usar la derecha, ya no podrá golpearte. Si te golpea otra vez tendrá que hacerlo con el puño. El puñetazo era un gesto que sólo se usaba entre iguales. Así, al volver la otra mejilla, has reclamado tu dignidad y comunicado que te rehúsas a que te humillen. También has invitado a tu amo a reclamar su verdadera dignidad, a examinar la mentira en que vive: que un ser humano es mejor que otro. Y has hecho todo esto sin violencia, sin devolver el golpe.

De manera que lo que aparentemente se nos enseñó como perdón y humillación en realidad es perdón y dignidad.

Perdonar libera mucho más al que perdona que al perdonado. Muchas veces la persona que hizo el daño ni siquiera se dio cuenta, se encuentra lejos o ya está muerta. De forma que el perdón permite al que perdona:

- Ponerse arriba de las circunstancias que causaron el daño.
- Aprender una lección.
- Encontrar la forma de defenderse dignamente.
- Evitar en un futuro las circunstancias que podrían ponerlo en peligro de un nuevo daño.
- Ensanchar su corazón al sentirse liberado del odio.
- Recuperar la paz.
- Tratarse más amorosamente en caso de cometer el daño hacia otro.
- Ampliar la capacidad de comprensión hacia otros.

La comprensión

es el antídoto del perdón.

¿Cómo es esto? Si estoy esperando a alguien importante en una cita y llega una hora tarde diciendo *discúlpame*, tengo que perdonar porque tal vez no comprenda lo que le pasó. Pero si llega diciendo *acabo de sufrir un asalto*, no necesito perdonar nada porque comprendo todo.

Ponerme en los zapatos del otro puede ayudarme a perdonar porque la comprensión me amplía la conciencia y me facilita el paso.

Hay circunstancias en que por más que comprenda no puedo perdonar. En esos momentos he hallado que lo único que me ayuda es tener la buena voluntad de perdonar y pedir prestado un corazón más generoso, más capaz, más compasivo. Perdonar con los ojos de la Madre Teresa, de Gandhi, de Jesús, puede resultarme más fácil. He descubierto que ya la voluntad de hacerlo me acerca a la paz y que si tengo la paciencia de esperar que el perdón llegue a mi corazón, éste acaba por llegar.

El perdón es una puerta que abro hacia la luz. Permite oxigenar el alma y me mueve hacia planos más elevados de mi propia vida. También me permite mirarme con mayor comprensión y, por tanto, a los demás.

Hay algunos puntos que pueden ayudarte a comprender este tema:

Si lo que el otro hizo no se lo hubiera hecho a alguien más, entonces podría ser que fue mi comportamiento el que generó la ofensa. En este caso, necesito perdonarme primero por haberlo hecho y por haberlo permitido.
Si yo no fui quien generó el comportamiento del otro; es decir, la ofensa, entonces estas preguntas podrían ayudarme a ver las carencias del otro:

- En sus circunstancias, ¿yo qué hubiera hecho?
- Si se lo hubiera hecho al otro, ¿cómo pienso que habría reaccionado?
- Cómo se vería este conflicto desde los ojos de... (alguien que considere más espiritual, generoso, comprensivo).
- Qué estoy ganando al no perdonar.

Esta última pregunta es muy importante. Puedo tener buenas razones o ganancias para no perdonar. Éstas pueden ser:

- Al no perdonar no abusan de mí nuevamente.
- Controlo la relación.
- Tengo en qué pensar.
- Puedo ser la víctima.

Ejercicios:

1. Observa cuáles son los sentimientos que más fácil registras en tu cuerpo y expresas. Cuáles son los prohibidos.

2. ¿Quién te enseñó a expresarlos así?
3. De los sentimientos que te cuesta más trabajo expresar, ¿cuáles han sido tus ganancias al reprimirlos?, ¿cuáles tus pérdidas?

Capítulo 12

Dolor. Una aspirina por favor

Dolor, si por acaso a llamar a mi puerta
llegas, sé bienvenido; de par en par abierta
la dejé para que entres... No turbarás la santa
placidez de mi espíritu... Al contemplarte, apenas
el juvenil enjambre de mis dichas serenas
apartárase un punto con temblorosa planta...

Entra, sé bienvenido... Te sentaré en el viejo
sitial que ya otras veces ocupaste... Un reflejo
de sol vendrá a bañarnos... Y veremos la larga
y polvorosa ruta, la que tú conociste...
Brotará de mi alma algún recuerdo triste...
Asomará a mis ojos una lágrima amarga...

Luego, como al conjuro de algún viento de olvido,
la barbilla en tu báculo, te quedarás dormido.
Regresará la alegre parvada bullidora
a revolar en torno y a ofrecerme mi parte
en su festín de risas... Y entonces será hora
de posar en tus hombros mi mano y despertarte.

Y te veré cruzando la tediosa avenida
que allá, de tarde en tarde, te trae a mi guarida,
y te me irás perdiendo por la ruta lejana,
mientras bajo la hiedra que trepa en mi ventana
me envuelve la infinita claridad de la vida...

Dolor, si por acaso[24]
Enrique González Martínez

La sociedad en la que vivimos pretende convencernos de que el dolor ya no es necesario. Que podemos vivir aliviando, anestesiando y posponiendo todo aquello que no nos guste. Esta urgente actitud nos ha causado mucho daño.

El dolor es parte de la vida.

Nacemos, crecemos y morimos con dolor.

De hecho, el dolor nos regala la oportunidad de ampliar nuestra conciencia, cuando lo dejamos llegar, y podemos entender su significado.

Dolor y sufrimiento no son lo mismo. El sufrimiento es sólo la resistencia al dolor y es el causante de que éste pase a veces la vida tocando la puerta, queriendo ser comprendido para enseñarnos la lección que la vida nos trae.

Dice Geneen Roth que es mucho más terrible el miedo a una noche de soledad que la noche de soledad.

El dolor, de hecho, es irreverente. Toca y toca la puerta, y se espera en la antesala con la esperanza de ser atendido. Si no lo escuchamos, llamará de nuevo, pero esta vez más fuerte, y así seguirá hasta ser lo suficientemente intenso o crónico para obtener nuestra atención. Nuestro apego a evitar el dolor es lo que nos impide que pase, atraviese y salga por la ventana.

El dolor físico y emocional son métaforas que se entremezclan.

Un dolor de estómago difícilmente está desligado de un enojo no atendido, o de una situación tensa no resuelta. Si nos duele el pecho, el corazón está diciendo algo.

A los grandes monopolios no les conviene que nosotras podamos atender un dolor. Nos invitan a minimizar, tapar o confundir para que parezca que es el consumo lo único que nos queda a la mano.

porque a mayor dolor, mayor necesidad de alivio. El ser tiende a la vida y al crecimiento. Si una planta está debajo de una ventana, dirigirá sus hojas hacia la mayor cantidad de luz.

Así, nosotros buscaremos dejar de sentir el dolor con la mayor rapidez posible, pero el alivio instantáneo que la sociedad ofrece no tiene nada que ver con el crecimiento ni con la vida.

Ignorar lo que nos pasa puede costarnos muy caro. ¿Qué pasa, por ejemplo, con un dolor de cabeza que se "cura" con aspirinas y debajo esconde un tumor?

¿Qué ocurre con un hijo que tiene un serio problema y nuestra reacción es no escuchar o decir "no pasa nada"?

Con el tiempo, como una bola de nieve que resbala y empieza por ser pequeña y manejable, puede convertirse en una avalancha.

El dolor emocional nos toca, nos envuelve y pasa. Si de verdad podemos sentir intensamente un dolor emocional, no dura mucho en nuestro cuerpo.

Un llanto que se permite, y más si es acompañado, puede dejarnos, después de 20 minutos, aliviadas y consoladas como nunca nos habíamos sentido.

Pero pueden pasar 20 años para atrevernos a hacerlo.

Amar a otro

¿Y qué podemos decir del dolor de amar? Aquel dolor que acompaña abrir el corazón ante otro, que nos convierte en un ser que sin otroya no está completo.

Amar a otro es permitir que explore dentro de nuestro inmenso y misterioso laberinto que es el alma. Es nadar en la corriente donde otros han intentado tocar la eternidad. Y así dejar una huella que se sume al amor infinito unido por ese hilo de plata que es el tiempo.

De forma muy hermosa nos lo muestra en este poema Francisco de Quevedo, titulado *Amor constante más allá de la muerte:*[25]

Cerrar podrá mis ojos la postrera
sombra que me llevare el blanco día
y podrá desatar esta alma mía
hora, a su afán ansioso lisonjera.

Mas no de esotra parte en la ribera
dejará la memoria en donde ardía;
nadar sabe mi llama la agua fría,
y perder el respeto a ley severa.

Alma, a quien todo un Dios prisión ha sido,
venas, que humor a tanto fuego han dado,
médulas que han gloriosamente ardido,

su cuerpo dejarán, no su cuidado;
serán ceniza, mas tendrán sentido;
polvo serán, mas polvo enamorado.

Ejercicios:

1. A lo largo de tu vida, ¿qué dolores recuerdas que hayan sido significativos? ¿Qué aprendiste de ellos? ¿A cuáles les debes ser lo que eres ahora?

2. ¿Qué haces cuando sientes dolor?
3. Date la oportunidad de dejar llegar el dolor como si fueras una observadora de ti misma. Fíjate qué pasa con él cuando lo validas.
4. ¿Qué ha dejado en tu vida el amar a otro? Si has sentido dolor por amar, ¿qué has hecho con él?

Capítulo 13

Límites. Donde termino yo, empieza el otro

Los dos sentimientos más vitales del ser humano (que comparte con los animales) son el miedo y el enojo.

El miedo es un sentimiento físicamente vital: le permite saber cuándo hay peligro y qué hacer.

El enojo es emocionalmente vital: le indica dónde está el límite que está dispuesto a tolerar para que las relaciones funcionen sanamente. **Estar enojado con alguien significa además ser vulnerable ante el otro,** porque sólo nos enojamos cuando estamos implicados, involucrados con otros. El enojo, entonces, es el sentimiento que le dice al otro *esto no estoy dispuesto a tolerarlo, si sigues así, la relación corre peligro*. Ponemos límites en vez de poner fronteras.

La comida pospone los límites.

Nos confunde con respecto a dónde está la raya que distingue lo normal y lo anormal. Nos decimos entonces *no importa, puedo aguantar esto*, sin lastimar una relación que acabará rompiéndose por la parte más delgada del hilo.

Cuando dejamos de comer compulsivamente, porque podemos escuchar lo que el cuerpo nos pide, el abuso casi siempre sale a flote y a veces no tenemos todavía la capacidad de verlo plenamente. Es cuando podemos decidir volver a nuestros antiguos patrones, volver a hacer una dieta, enfrascarnos en la esperanza de un día estar delgadas y esperar, hasta ese día, para ser feliz, o tomar la responsabilidad de lo que nos toca en la relación.

En una relación entre adultos no hay víctimas, sólo voluntarios. Para que uno abuse se necesita otro que lo permita.

Permitir el abuso es

ser cómplice de él y perpetuarlo.

Mientras no podamos poner límites, mientras no podamos manejar el enojo para decir *hasta aquí*, la comida sigue siendo nuestra muleta y hace bien su trabajo. Desenfoca lo importante y nos lo cambia por lo que aparentemente es urgente.

Cada límite claro, puesto a tiempo, respetuosa y firmemente, significa para nosotros la oportunidad de abrir la boca para que algo salga, en vez de que entre.

Ejercicios:

1. ¿De qué forma pones los límites en tu vida?
2. Si no lo haces, ¿cómo manejas o controlas tus relaciones significativas?
3. ¿Qué has perdido y ganado hasta ahora, al poner o no límites?

Capítulo 14

Agradecimiento. La ventana de la abundancia

...Agradezco que tantas personas se preocupen por llevar la comida a mi mesa. Para ellos tal vez significó sólo trabajo, para mí ha significado mucha compañía... (Participante de uno de los diplomados)

Creo que los dos pilares que sostienen al amor y nos permiten ensanchar el corazón son **el perdón y el agradecimiento**. Hemos hablado ya del perdón y de la liberación que genera. Ahora quisiera ahondar un poco sobre el agradecimiento.

La palabra *gracias* presupone la conciencia de que recibimos algo. Puede ser algo que hayamos merecido o no, pero nos ha sido dado. Dicen que nadie es rico sino por comparación, y creo que la riqueza se extiende a muchos ámbitos.

Agradecer estar viva, tener salud, fuerza para trabajar, claridad mental para relacionarnos con otros, es algo que a veces puede parecer exagerado, ya que se da por sentado.

Vivir en la abundancia implica reconocer que hay suficiente para nosotras y que, al menos en este momento, tenemos lo que necesitamos, incluyendo la oportunidad de generar aquello que todavía no hay.

Comer de más y después privarnos es ir de la escasez al exceso, los dos extremos de la misma línea.

La abundancia atraviesa

esta línea y nos pone

en una nueva dimensión:

mirar lo que sí hay.

Cuando estamos frente a un alimento que ha sido acunado por la tierra, el viento, el sol y el agua. Que para llegar a nosotros necesitó pasar por manos que lo regaron, abonaron, cosecharon, empacaron y transportaron. Si tomamos conciencia de ello, no podemos más que sentir respeto y reverencia por todo lo que tuvo que pasar paraque pudiéramos disfrutarlo, nutrirnos de él.

¿Cuántas cosas tuvieron que ocurrir para que yo pudiera comerme una manzana, un trozo de pan; cuántos involucrados, incluyendo a aquellos que murieron, para que yo pueda vivir en un país donde puedo libremente adquirirlos?

En el libro *El Zen de la Alimentación*, Ronna Kabatznick nos habla de una mujer que podía agradecer la comida plenamente. He aquí la historia:[26]

> *Una noche, mientras Rachel visitaba a algunos amigos, dijo casualmente: "Nunca me preocupo de mi peso". Este comentario sorprendió a los otros invitados. "¿Cómo lo consigues?", era lo que todos querían saber.*
>
> *"Es fácil. Considero la comida como sagrada y no como una forma de hacerme sentir mejor", respondió Rachel. "Durante la segunda guerra mundial estuve en un campo de concentración nazi. Era una niña muy pequeña, separada de mis padres, mis hermanos y una hermana, que murieron allí. De los nueve miembros de mi familia yo fui la única que sobrevivió. La gente*

del campo de concentración que me rodeaba se moría de hambre, nadie recibía la suficiente comida, incluida yo. Aun así, solía dar a menudo mi ración de comida y comía incluso menos que los demás. Mis padres eran religiosos y sólo tomaban comida kosher. Para mí no era un problema renunciar a la comida aunque estuviera famélica, lo cual ocurría casi siempre. Intentar seguir siendo kosher *en medio de aquella horrenda situación me ayudaba a preservar el recuerdo de mi familia en mi corazón; me dio una fuerza que desconocía que tuviera."*

El comentario de Rachel afectó intensamente a los otros invitados. Si Rachel había podido renunciar a la comida a pesar de la intensa hambre que sentía, ¿cómo podía serles tan difícil privarse de repetir un plato o merendar por la tarde?

Otra forma de conectarnos automáticamente al agradecimiento es poder vivir en el aquí y el ahora. La experiencia de agradecer viene porque en el momento siento la abundancia. Vivir recordando el pasado o soñando el futuro nos quita la experiencia presente, por tanto, la eternidad, porque sólo contamos para vivir con este momento.

Magistralmente lo escribe Francisco de Quevedo en su poema *Represéntase la brevedad de lo que se vive, y cuán nada parece lo que se vivió:*[27]

¡Ah de la vida! ¿Nadie me responde?
Aquí de los antaños que he vivido;
la fortuna mis tiempos ha mordido,
las horas mi locura las esconde.
¡Que sin poder saber cómo ni a dónde
la salud y la edad se hayan huido!
Falta la vida, asiste lo vivido,
y no hay calamidad que no me ronde.

Ayer se fue, mañana no ha llegado,
hoy se está yendo sin parar un punto,
soy un fue, y un será, y un es cansado.

En el hoy, y mañana, y ayer, junto
pañales y mortaja; y he quedado
presentes sucesiones de difunto.

Ejercicios:

1. ¿Qué tienes que agradecer en tu vida? ¿A quién?
2. Si la persona a quien estás agradecida vive y está a tu alcance, hazlo. Si no, escríbele una carta aunque no puedas mandarla. Eso le permitirá a tu corazón sentir el agradecimiento.

Capítulo 15

Unas palabras sobre la prevención

Cuando llegan a mis talleres mujeres cuyos hijos o hijas tienen un problema similar me preguntan qué hacer. Quieren evitarles el penoso y largo camino que ellas han recorrido.

Yo les digo que viniendo ellas y aprendiendo nuevas formas de relacionarse con la comida y con los demás, el problema familiar seguramente se resolverá también.

El problema de la compulsión por la comida es familiar.

Primero, porque difícilmente alguien se enferma solo, sin involucrar a otros, y segundo, porque el problema se relaciona con la comunicación, el manejo de los sentimientos, los límites y la intimidad. Si uno de los miembros de la familia hace un cambio significativo en estos temas, es difícil que los demás no se vean afectados positivamente.

Cuando en la familia se empieza a hablar con la verdad, lo que está pasando empieza a ventilarse como si una ventana se abriera y dejara paso al oxígeno. Entonces, la comida que puede ser sólo la tapa de los problemas se quita para dar paso a los temas esenciales.

Las familias que padecen estos problemas con la comida, comparten también características similares:

- La comida tiene una vital importancia y se usa para demostrar el cariño, sustituirlo en ocasiones.
- La delgadez es un valor que puede estar por encima de otros.
- La perfección se persigue, incluso pisando a los miembros de la familia; no importa lo que haya que hacer, hay que ser perfectos.
- Lo que pasa no se dice.
- La autoestima se mide por el físico o los logros. El proceso para llegar a ellos es ignorado y devaluado. El fin justifica los medios.

Si queremos que el problema se agrave, lo único que hay que hacer es poner hincapié en el sobrepeso, empezar a prohibir las comidas que engordan a los hijos y sutilmente decirles que se verían mejor con unos kilitos de menos. El resto lo hace la sociedad.

Para salvar a nuestros hijos o familiares de este tema que se está convirtiendo en un problema de salud pública, las soluciones son las mismas que planteo a lo largo del libro:

- Valoremos lo que somos ahora.
- Validemos y atendamos lo que pasa en nuestro corazón.
- Enseñemos con el ejemplo que el cuerpo no se equivoca, creamos en él y alimentémoslo amorosamente.
- Seamos críticos de lo que se da por sentado en la publicidad, enseñemos a los hijos a analizar y a decir *no* cuando estén en desacuerdo.
- Pongamos límites claros y cumplamos nuestra palabra.
- Agradezcamos lo que somos y tenemos.
- *Hablemos (a nosotros y a otros) con la verdad.*

Hablando de la verdad, dice bellamente Efraín Bartolomé en su poema *Invocación*:[28]

Lengua de mis abuelos habla por mí

No me dejes mentir

No me permitas nunca ofrecer gato por liebre
sobre los movimientos de mi sangre
sobre las variaciones de mi corazón

En ti confío
En tu sabiduría pulida por el tiempo
como el oro en pepita bajo el agua paciente del claro río

Permíteme dudar para creer:
permíteme encender unas palabras para caminar de noche

No me dejes hablar de lo que no he mirado
de lo que no he tocado con los ojos del alma
de lo que no he vivido
de lo que no he palpado
de lo que no he mordido

No permitas que salga por mi boca o mis dedos
una música falsa
una música que no haya venido por el aire
hasta tocar mi oreja
una música que antes no haya tañido
el arpa ciega de mi corazón
No me dejes zumbar en el vacío
como los abejorros ante el vidrio nocturno

No me dejes callar cuando sienta el peligro
o cuando encuentre oro

Nunca un verso permíteme insistir
que no haya despepitado
la almeja oscura de mi corazón

Habla por mí lengua de mis abuelos
Madre y mujer

No me dejes faltarte
No me dejes mentir
No me dejes caer
No me dejes
No.

Ejercicios:

1. ¿De qué forma se relacionan con la comida en tu familia?
2. ¿Cuáles son los valores principales que tú promueves y cómo?
3. ¿Te gustan o satisfacen estos valores? Si no, ¿por cuáles te gustaría sustituirlos?

Capítulo 16

Palabras finales

Tan sólo algunas me gustaría añadir para terminar este libro. Quienes hemos tenido la fortuna y desgracia de padecer este problema, tenemos junto con ello el regalo de haber tocado un dolor profundo que nos acerca a otros, si así lo decidimos.

En la vida, *este día de escuela*, como dice el doctor Edward Bach, hay siempre lecciones que aprender.

Pasar el examen nos permite también conocer la profundidad de los misterios del corazón y, por tanto, descubrir el sentido que nuestra vida tiene.

Alguien me decía en alguno de los talleres: *Bendigo a tu papá y lo que sufriste por ello, porque gracias a él ahora estás compartiendo con nosotras todo esto...*

Tenía razón.

Mi vida sería muy distinta si no hubiera tenido que luchar a brazo partido por encontrar lo que había debajo de la compulsión. No conocería la dicha enorme de disfrutar un alimento por lo que significa, no habría aprendido a nutrirme con muchas otras cosas, experiencias, mías y de los demás.

Tal vez no conocería o no valoraría el amor y lo que éste enriquece la vida.

Gracias a todo lo que pasé, la comida volvió a ser alimento para mí. Sólo eso.

Tú también puedes encontrar en este problema el regalo que encierra para ti. Todo esfuerzo tendrá su recompensa.

Y, como aquella parábola de la *Caverna*, de Platón, en que los hombres vivían mirando hacia una pared y sólo podían ver las sombras que reflejaban lo que estaba detrás, alumbrado por fuego, y encadenados e imposibilitados para ver la luz, creían que las sombras de los objetos eran la realidad. Cuando uno de ellos rompió las cadenas y pudo ver la luz del día, nunca fue el mismo.[29]

No importa si al principio la luz te deslumbra, si al volver a la caverna tus ojos no se acostumbran de nuevo a la oscuridad, o te tildan de loca; después de ver la luz del sol, tu vida jamás será igual.

Para mayor información sobre el diplomado, las conferencias y los talleres preventivos impartidos por la autora, comunícate a: maricarmen@alimentoyamor.com

Notas

1. González Martínez, Enrique, *Obras completas, "Silenter"*, 1909, Homenaje del Colegio Nacional en el primer centenario de su muerte, 1971.
2. Hollis, Judi, *La obesidad es un problema familiar*, Promexa, 1985, pp. 48-50.
3. Roth, Geneen, *Cómo superar la adicción a la comida*, Urano, España, 1995. Este libro aporta algunas ideas aquí expuestas que han sido complementadas con mi experiencia en los talleres y diplomados, y se han enriquecido con las de las participantes.
4. Norwood, Robin, *Las mujeres que aman demasiado*, Javier Vergara, Editor, 1986, p. 32.
5. Ribeiro, Lair, *Aumente su autoestima*, Urano, 1997, p. 19.
6. Beattie, Melody, *Ya no seas codependiente*, Promexa, 1991.
7. Este ejercicio fue impartido por Pedro Servín en un taller intensivo para el entrenamiento en psicoterapia Gestalt. IHPG.
8. Nava, Otoniel, *Apuntes sobre adicciones*.
9. Fernández, María del Carmen y Gerardo Moreno Aranda, *La negación del Paraíso*, Centro Comunitario México, 2001, p. 16.
10. Kabatznick, Ronna. *El zen de la alimentación*. Ed. Oniro S.A. 1999, p. 101.
11. García, Octavio, *Apuntes inéditos*, 2001.
12. Sefchovich, Sara, *Demasiado amor*, Planeta, 1990, pp. 176-178
13. Ritsos, Yannis, *Sueño de un mediodía de verano*, FCE, p. 31.
14. Capacchione, Lucía, *Recovery of Your Inner Child*, Fireside, EUA, p. 19.
15. Abrams, Jeremiah, *Recuperar el niño interior*, Kairos, 1998, pp. 17-18.
16. *Op. cit.*, Capítulo desarrollado por Carl Jung, pp. 47-48.
17. González, Ángel, *Antología...*, p. 549.
18. Villanueva Reinbeck, Martín A., *Hacia un modelo integral de la personalidad. ¿Quién es el ser humano?*, Manual Moderno, 1985, pp. 98-99.

19. González Martínez, Enrique, *Los Senderos Ocultos*, 1911. *Obras completas*, pp. 107-108.
20. Conceptos tomados del curso de Manejo de Sentimientos del IHPG.
21. Bradshaw, John, *Volver a la niñez*, Selector, p. 62.
22. Frankl, Viktor, *El hombre en busca de sentido*, Herder, España, 1984.
23. Linn, Dennis, Sheila Fabricant Linn y Matthew Linn, *No perdones demasiado pronto*, Promexa, 1999, pp. 20-21.
24. González Martínez, Enrique, *Op. cit.*, pp. 100-101.
25. Quevedo, Francisco de, *Ocho siglos de Poesía*, Francisco Montes de Oca, Porrúa, 1998, p. 243.
26. Kabatznick, Ronna, *Op. cit.*, p. 103.
27. Quevedo, Francisco de, *Obras Selectas*, Edimat Libros, 2000, p. 347.
28. Bartolomé, Efraín, *Partes un verso a la mitad y sangra*, La flauta de pan, 1997, pp. 13-14.
29. Platón, *La República o El Estado. Libro Séptimo o De la Justicia*, Colección Austral, 2000, pp. 300-305.

COLECCIÓN SUPERACIÓN PERSONAL

¡Ahora o nunca!
Alegría de la meditación, La
Autohipnosis
Buzón, El
El amor a sí mismo
Con la fuerza del hombre y el alma de niño
Conquista de tí mismo, La
Cómo seducir a su hombre y mantenerlo a su lado
Cuando el Amor vence al Dolor, un mensaje de vida
Cuando se expresa el alma
Cuerpo de niña alma de mujer
Chocolatito espumoso para el alma
Don de la vida, El
Deja de romper tus dietas
En busca de lo humano
Fábulas para triunfar
Frases célebres de Zig Ziglar
Fortaleza integral
Hombre bien vestido, El
Libro de los amigos, El
Libro del amor, El
Líder que vive en ti, El
Linterna mágica, La
Magia de la sonrisa, La
Meditaciones
Mensaje, El
Mi filosofía del triunfo
Michael Jordan
Motivar para ganar
Mujer bien vestida, La
Mujer de hoy
Nada me detendrá
Niña y el niño bien vestidos, La
Para ser feliz
Pensando en ti
Piensa en grande
Poder del fracaso, El
Por favor sé feliz en tu juventud
Por favor sé feliz en tu escuela
Por favor sea feliz
Por favor sea feliz con su religión
Por favor sea feliz con su trabajo
Por favor sea feliz en familia
Por favor sea feliz en pareja
Por favor sea una mujer feliz
Que me ha enseñado la vida, Lo
¿Qué onda con el sida?
Respuestas para vivir una sexualidad inteligente y segura
Sé mejor
Sea feliz ya
Sí se puede
Sin miedo al amor
Tómelo con calma
Un tesoro inagotable
Valor de la amistad, El
Valor del perdón, El
Valor de dar, El
Vamos a ganar
Vamos a la cumbre
Vamos al éxito
Vamos por todo
Vivir feliz
Volver a la niñez
Voz de la experiencia, La
...Y los cerditos se comieron al lobo

COLECCIONES

Belleza
Negocios
Superación personal
Salud
Familia
Literatura infantil
Literatura juvenil
Ciencia para niños
Con los pelos de punta
Pequeños valientes
¡Que la fuerza te acompañe!
Juegos y acertijos
Manualidades
Cultural
Medicina alternativa
Clásicos para niños
Computación
Didáctica
New Age
Esoterismo
Historia para niños
Humorismo
Interés general
Compendios de bolsillo
Cocina
Inspiracional
Ajedrez
Pokémon
B. Traven
Disney pasatiempos
Mad Science
Abracadabra
Biografías para niños
Clásicos juveniles

DOBLAR Y PEGAR

SU OPINIÓN CUENTA

Nombre ....

Dirección ....

Calle y número ....

Teléfono ....

Correo electrónico ....

Colonia .... **Delegación** ....

C.P .... **Ciudad/Municipio** ....

Estado .... **País** ....

Ocupación .... **Edad** ....

Lugar de compra ....

Temas de interés:

- ☐ ***Negocios***
- ☐ ***Superación personal***
- ☐ ***Motivación***
- ☐ ***New Age***
- ☐ ***Esoterismo***
- ☐ ***Salud***
- ☐ ***Belleza***
- ☐ ***Familia***
- ☐ ***Psicología infantil***
- ☐ ***Pareja***
- ☐ ***Cocina***
- ☐ ***Literatura infantil***
- ☐ ***Literatura juvenil***
- ☐ ***Cuento***
- ☐ ***Novela***
- ☐ ***Ciencia para niños***
- ☐ ***Didáctica***
- ☐ ***Juegos y acertijos***
- ☐ ***Manualidades***
- ☐ ***Humorismo***
- ☐ ***Interés general***
- ☐ ***Otros***

¿Cómo se enteró de la existencia del libro?

- ☐ ***Punto de venta***
- ☐ ***Recomendación***
- ☐ ***Periódico***
- ☐ ***Revista***
- ☐ ***Radio***
- ☐ ***Televisión***

Otros ....

Sugerencias ....

Deja de romper tus dietas

RESPUESTAS A PROMOCIONES CULTURALES
(ADMINISTRACIÓN)
SOLAMENTE SERVICIO NACIONAL

CORRESPONDENCIA
RP09-0323
AUTORIZADO POR SEPOMEX

EL PORTE SERÁ PAGADO:

Selector S.A. de C.V.

Administración de correos No. 7
Código Postal 06720, México D.F.

Esta edición se imprimió en Marzo de 2006. Grupo Impresor
Mexicano. Av. De Río frío No 35 México, D.F. 08510